Swen-William Bormann

Einfach tun als Volltreffer

Swen-William Bormann

Einfach tun als Volltreffer

Ihre persönlichen Schwächen und Ängste in positive Energie "Einfach tun" wandeln

Trainerverlag

Impressum / Imprint
Bibliografische Information der Deutschen Nationalbibliothek: Die Deutsche Nationalbibliothek verzeichnet diese Publikation in der Deutschen Nationalbibliografie; detaillierte bibliografische Daten sind im Internet über http://dnb.d-nb.de abrufbar.
Alle in diesem Buch genannten Marken und Produktnamen unterliegen warenzeichen-, marken- oder patentrechtlichem Schutz bzw. sind Warenzeichen oder eingetragene Warenzeichen der jeweiligen Inhaber. Die Wiedergabe von Marken, Produktnamen, Gebrauchsnamen, Handelsnamen, Warenbezeichnungen u.s.w. in diesem Werk berechtigt auch ohne besondere Kennzeichnung nicht zu der Annahme, dass solche Namen im Sinne der Warenzeichen- und Markenschutzgesetzgebung als frei zu betrachten wären und daher von jedermann benutzt werden dürften.

Bibliographic information published by the Deutsche Nationalbibliothek: The Deutsche Nationalbibliothek lists this publication in the Deutsche Nationalbibliografie; detailed bibliographic data are available in the Internet at http://dnb.d-nb.de.
Any brand names and product names mentioned in this book are subject to trademark, brand or patent protection and are trademarks or registered trademarks of their respective holders. The use of brand names, product names, common names, trade names, product descriptions etc. even without a particular marking in this works is in no way to be construed to mean that such names may be regarded as unrestricted in respect of trademark and brand protection legislation and could thus be used by anyone.

Coverbild / Cover image: www.ingimage.com

Verlag / Publisher:
Der Trainerverlag
ist ein Imprint der / is a trademark of
OmniScriptum GmbH & Co. KG
Heinrich-Böcking-Str. 6-8, 66121 Saarbrücken, Deutschland / Germany
Email: info@verlag-trainer.de

Herstellung: siehe letzte Seite /
Printed at: see last page
ISBN: 978-3-8417-5079-2

Copyright © 2013 OmniScriptum GmbH & Co. KG
Alle Rechte vorbehalten. / All rights reserved. Saarbrücken 2013

Einfach tun als Volltreffer!

Vorwort

Erst einmal möchte ich auf diesem Wege mal den Leuten „Danke sagen", die mir bis hierher sehr geholfen haben. Das ist erstmal mein Mentor **Tony Robbins**, der Trainer der schon Diana, Nelson Mandela, Andre Agassi, Bill Clinton und viele mehr gecoacht hat – der durch seine Inspiration mein Leben sehr verändert hat.
Dann meinen **Eltern**, die durch Ihre Erziehung und Liebe den Grundstein gelegt haben. Meine Realschullehrerin **Elisabeth Kraus**, die mir zeigte das man Spaß beim Lernen haben muss. Meine Frau die mit mir durch dick und dünn gegangen ist, und trotz aller Rückschläge immer zu mir gehalten hat. Danke an meine **ganze Familie**, in der auch viele Kritiker waren, die mich möglicherweise auch manchmal ausgebremst haben. Und ganz besonders möchte ich mich auch bei **Enrico Golias** und **Gerd Ziegler** bedanken, die meine Webseite 1a gestaltet haben.

Danke Gott für diese tollen Menschen in meinem Leben!

Buch-Kapitel

1. Starten wir den „Einfach tun-Prozess" S.4
2. „Einfach tun-Erfolgsmensch" Steve Jobs S.6
3. Was ist das Kairos-Prinzip und wie nutze ich es? S.8
4. Was hält Dich vom „Einfach tun" ab? S.10
5. Erfolgsstrategie von Swen-William S.13
6. Einfach-tun mit Selbstreflektion S.15
7. Direkter Impuls: „Einfach tun – JETZT" S.17
8. Deine Gedanken können Himmel oder Hölle in Deinem Leben realisieren S.19
9. Sharky-Methode S.21
10. Das Einfach-tun-Rezept (Strategie) für Menschenmotivation S.23
11. Einfach-tun-Elizitation von Strategien S.26
12. Die Physiologie – der „Einfach tun-Königsweg" zu Spitzenleistungen S.29
13. Die „Einfach tun-Energie" ist der Treibstoff für besondere Leistungen S.32
14. Ziele im Volltreffer-Leben S.36
15. 2 Erfolgsfaktoren sind entscheidend: Disziplin & TUN! S.44
16. Präzision in Deinem Volltreffer-Leben S.45
17. Präzisionsmodell S.46
18. Rapport nutzen in Deinem Volltreffer-Leben S.52
19. Einfach tun-Metaprogramme S.57
20. Widerstand als Volltreffer S.68
21. Einfach tun-Reframing S.73
22. Einfach tun-Anker-Technik S.81
23. Der Mut zur „Einfach tun-Führung" S.99
24. Die 5 Einfach-tun-Schlüssel zu Reichtum und Glück S.121
25. Erfolg: Das Volltreffer-Leben als Herausforderung S.131
26. Entspannungsübung für Volltreffer: Die Regenbogenübung S.136
27. Nachwort mit Wünschen und Daten S.138

Kapitel 1: Starten wir den „Einfach tun-Prozess"

Sie fragen sich jetzt bestimmt: „Ist das Gut dieses Buch zu kaufen? Wieder so ein Guru? Wieder so ein Erfolgsbuch?"

Erstmal will ich Sie beglückwünschen das Sie diesen Schritt gemacht haben! Ich würde Sie bitten, um persönlicher zu werden, mein DU anzunehmen. Denn das Buch ist in der DU-Form geschrieben...

Ich beschäftige mich jetzt schon mehr als 10 Jahre mit dem Thema Mentaltraining, Persönlichkeitsentwicklung, Erfolg, und mittlerweile reicht mir die Körpersprache + 2 gezielte Fragen: Um zu erkennen, ob jemand Erfolg hat oder erfolgreich werden will! Ganz genau erkennt man die nicht so Erfolgreichen!
Wollen wir nicht alle Gewinner sein? Anscheinend nicht, und es reicht vielen Hartz IV. Also ich möchte nie unter der Brücke wohnen, und mit dem Entschluss habe ich und Du schon viel gewonnen!

Bist Du nicht auf der Erde um zu wirken?

Bist Du nicht da, um andere Menschen erst glücklicher zu machen, und dann Dich selbst?

Mein Glaube an Gott ist unerschütterlich, und er sagte: „Ich gebe meinen Kindern was sie wollen!"

Bist Du nicht auch Kind Gottes?
JA, Du bist es!

Ich frage Dich jetzt nicht an Deinen christlichen oder anderen Glauben?!

Glaubst Du an Dich als Volltreffer?

Was hat jetzt Glaube mit „Einfach tun" zu tun?

Der Glaube an Dich ist der Ursprung von allem. Du musst an Dich glauben und Dich lieben!

Sind wir da einer Meinung? Wenn nicht solltest Du das Buch möglicherweise weiter verschenken!

Wenn Du jetzt diese Parameter erfüllst, dann bist Du schon auf einem richtig guten Weg.

Du bist jetzt in dem Stadium eines ungeschliffenen Diamanten. Um jetzt den richtigen Schliff zu bekommen, werde ich Dir ein paar Geheimnisse mit auf den Weg geben ... bleibe gespannt und lese aufmerksam!

Kapitel 2: „Einfach tun-Erfolgsmensch Steve Jobs"

Möchte anfangen mit einem Spruch von Frank Kern, Marketing-Guru aus den USA (entdeckt von Tony Robbins): „Erst die Unterhose und dann die Jeans anziehen!" Es gibt wirklich Menschen die im Leben das andersrum machen, und es dann nicht mal merken ;-)
Jetzt werden trotzdem welche denken das ist logisch, was ist schon logisch, und die Welt ist oft sehr oft subjektiv.

Bei den Erfolgsgeschichten möchte ich mit einem der größten Visionäre der Welt, Steve Jobs (Apple), beginnen:

Als ich am Morgen des 6. Oktober 2011, aus dem Bett gefallen bin, und mein Internet hochgefahren habe, da leuchtete auf einmal auf: *„Steve Jobs* – R.I.P."... Was wie Tod?
Im ersten Moment denkt man an seine schwere Krankheit, und sagt war irgendwie logisch. Doch dann schaltet sich der Empathie-Knopf ein, und sagt: „Mist, warum so früh – ein **Visionär** geht von Bord des Schiffes Erde!":

- Wer entwickelt und präsentiert den jetzt die *Apple*-Produkte?
- Wer verändert jetzt die Welt mit solchen tollen Ideen?
- Wer verschmelzt jetzt Gefühl und Technik – so wie er?
- Welcher Mensch ist so **verrückt** und genial in einer Person?

Dieses Zitat sagt viel aus:

"Der reichste Mann auf dem Friedhof zu sein hat für mich keine Bedeutung. ... Wirklich wichtig ist mir, dass ich abends vor dem Schlafengehen sagen kann, dass wir etwas Wunderbares getan haben."
- Steve Jobs 1993, in einem Interview der Zeitung "Wall Street Journal"

Vor einem solchen Menschen ziehe ich den Hut – mehrfach. Er war ein großartiger Mensch! Er hat Technik anfassbar bzw. haptisch gemacht. Die Menschen haben ihm die Produkte förmlich aus den Händen gerissen. Sie standen nachts an den Apple-Stores an, um als Erstes das Produkt zu haben und zu nutzen – WOW!

Wir sollten uns alle eine Scheibe abschneiden, und unsere Vision auf den Weg bringen.

Seid ich in meinem Leben mit konkreten Visionen, abgestimmt mit Gefühlen und visualisierten Zielbildern arbeite, gibt es richtige Entwicklungssprünge. Es kommen mir jeden Tag viele Chancen entgegen, und mit dem Kairos-Prinzip nutze ich immer mehr.

Kapitel 3: Was ist das Kairos-Prinzip und wie nutze ich es!

Die wichtigsten **Kairos-Momente** in unserem Leben zu erkennen ist maßgeblich wichtig für unseren Erfolg – **Vorbereitung trifft dann Gelegenheit,** sozusagen. Aber wie erkennst Du, dass es sich um einen solchen Kairos-Moment handelt? Das ist nicht so einfach. Schließlich können solche Momente und **scheinbaren Gelegenheiten** auch trügerisch sein, und es handelt sich gar nicht um die große Chance, sondern eher um eine **böse Falle.**

Zwei Beispiele:

Ein viel versprechende neue Software-Firma ging in den 80er-Jahren an den Start und bot verschiedenen Anlegern eine **Anlagemöglichkeit** – nur wenige griffen am Anfang zu. Die, die es taten wurden, genau wie alle Anfangsmitarbeiter von Microsoft, innerhalb weniger Jahre zu Millionären.

Sie hatten ihren Kairos-Moment erkannt und ergriffen.

Zweites Beispiel: Ein guter Bekannter bietet Ihnen die Supergelegenheit an, in sein Geschäft einzusteigen. Obwohl Sie diese Art von Geschäft überhaupt nicht mögen, lassen Sie sich von der scheinbaren Chance überzeugen und werden, **trotz zeitweiser Erfolge unglücklich und unzufrieden mit Ihrem Leben.**

Wie also sollst Du den Blick schärfen? Wie lernst Du, diese Kairos-Momente zu erkennen, und vor allem

zu unterscheiden, ob es für Dich die richtigen sind? Nun, ich persönlich glaube nicht, dass es sich um seltene Momente, um **seltene Gelegenheiten** handelt. Vielmehr bin ich überzeugt, dass diese Gelegenheiten **ständig um uns herum sind** – uns praktisch ständig über den Weg laufen, wenn man so will.

Es gibt täglich neue Gelegenheiten, jemanden kennenzulernen. Geschäftsgelegenheiten gibt es wie Sand am Meer. Ideen wie man sein Geschäft ausbauen kann, sind in Hülle und Fülle vorhanden und insgesamt gibt es **viel mehr Chancen als wir jemals ergreifen können.** Allerdings nehmen wir sie oft nicht wahr, weil unsere Antennen nicht darauf ausgerichtet sind.

Erst wenn wir uns endgültig entschieden haben wo wir hin wollen, welches Ziel wir anstreben, wie unser Traumleben aussieht – erst dann können wir überhaupt wahrnehmen, welche Gelegenheit uns dorthin führt, und welche nicht. Plötzlich schärft sich dann unser Blick. **Wie von Zauberhand** ergeben sich plötzlich Chancen, es öffnen sich Türen, die vorher verschlossen schienen, uns laufen scheinbar zufällig Leute über den Weg, die uns helfen können und **alles fügt sich zusammen.** Unsere **Kairos-Momente werden plötzlich sichtbar und wir können sie ergreifen.** Nur verstreichen lassen, dürfen wir sie nach wie vor nicht …! Ich wünsche Dir viel Erfolg beim Erkennen und Ergreifen Deiner **Kairos-Momente** zur **Erreichung Deiner Ziele.**

Kapitel 4: Was hält Dich vom „Einfach tun" ab?

- Sogenannte **Freunde** und **Familienmitglieder**, die es ja so gut mit Dir meinen, und Dich *mental blockieren*! Reflektiere genau, und meide diese Personen...(Energieräuber)
- Deine **eigene Trägheit**!
- Deine toll eingerichtete **Komfortzone**, wie z.B. das Sofa im Wohnzimmer!
- **Falsche Glaubenssätze**, wie z.B.: „Das kann ich sowieso nicht!" - „Da fehlt mir das Talent!" - „Das konnte schon mein Vater nicht – wieso ich!" - „Das können andere viel besser!"...
- Du hast keine **großen Ziele**!
- Dir *fehlt* eine **10 Jahres Vision**!
- Du hast den **falschen Partner**!
- Du **bemitleidest** Dich selber!
- Du *sprichst* immer nur vom **TUN**!
- Du hast keinen *Freund* der Dir mal richtig in den **Arsch tritt**!
- Du **bildest** Dich *nicht ständig weiter*, und bleibst in der **Entwicklung stehen**!
- Du wartest auf ein **Wunder**!
- Du *wartest* auf Dein **nächstes Leben**!
- Du *sagst* Dir: „**Nicht heute – MORGEN!**"
- Deine *innere Stimme* sagt: „Lasse das doch mal die **Anderen machen**!"
- Du suchst ständig **Ausreden**!
- Du machst die *Politik*, die **Medien**, die *Umwelt*, u.s.w. für **Dein Scheitern verantwortlich**...!

…

Wir könnten jetzt diese **Liste endlos fortsetzen**, doch das wäre der **falsche Weg**.

Du hast Dir doch das Buch gekauft um jetzt wirklich durch zu starten. **Dann TUE es auch**!!! Es ist sozusagen Deine Pflicht.

„Beweg einfach Deinen Hintern!"

Deinen Kopf auf Sieg programmieren

Das was Du willst, das wirst Du auch erreichen!!!

Jetzt gehen wir mal in die Tiefen des Mentaltrainings und NLP! Bist Du bereit: Ja oder Ja?!

Wie sieht es im Kopf eines Sportlers aus der die olympische Goldmedaille gewinnen will?

Ist da etwa der Gedanke: „Schaun mer mal ob ich den ersten Platz mache?" oder „Wird schon irgendwie werden?!"

NEIN, so kann es ja nicht aussehen!

Da ist der Erfolgsgedanke für Sieg: „Ich werde die Goldmedaille gewinnen – ohne wenn und aber!"

Zusätzlich **visualisiert** er das Bild des Siegerpodiums, wo er gerade die Medaille umgehängt bekommt!

Weiterhin ist **Suggestion** sehr wichtig: „Ich bin Olympiasieger in …!"

Du musst wissen: ALLES was Du willst bekommst Du auch! Natürlich musst Du dafür was **TUN**!

Ein gutes Beispiel dafür ist der ehemalige Weltklasse-Torhüter **Oli Kahn**. Er war ein Besessener des Sieges und Erfolges, und er rückte nicht von seinen Zielen ab. Als Fußballer **Champions League-Sieger, Pokalsieger** und mehrfacher **deutscher Meister** ist wohl eine tolle Visitenkarte. Meinst Du er hatte die Einstellung: „Schaun mer mal!" Sicher nicht, und er hat das Bekommen was er wollte. Bis auf den WM-Titel, den hat ihm Jürgen Klinsmann gestohlen ;-)

Entscheide Dich jetzt Dein Leben ins total positive zu verändern, und ich verspreche Dir, Du sagst jeden Tag: „**Das ist der 1. Tag meines gigantischen Restlebens!**"

Kapitel 5: Erfolgsstrategie von Swen-William

Wünschen – Loslassen – Gottvertrauen (Eigenglaube!)

Auf diese „Einfach tun-Strategie" kann man meinen jetzt erreichten Erfolg runter brechen.

Ist es nicht genial einfach, bzw. einfach genial?

Jetzt werden viele sagen, warum hat mir das noch keiner früher gesagt?

Ist doch egal – jetzt habe ich es Dir gesagt, und bei konsequentem Anwenden, kannst Du gar nicht an Deinen großen Zielen vorbeilaufen. Dein Sieg ist ab diesem Zeitpunkt in Deinem Gehirn verankert, und durch das Aussenden der Energie darauf, werden fantastische Dinge in Deinem Leben passieren. Du wirst auf einmal Menschen in Deinem Leben haben, von denen Du nicht mal im entferntesten geträumt hast. Bei mir war das Wolfgang Thust (vorher Mr. HMI) von ERGO Pro, der mir wie eine gebratene Taube in den Mund über XING gefallen ist. Ich bin enorm dankbar für diese Fügungen, und alles hatte den Ursprung in meiner Übung.

Glaube an meine Formel, und ich verspreche Dir, Du wirst mich anschreiben: Danke Swen-William die Wirkung ist gigantisch, ich habe dies und das erreicht...! Ich kann die Zeilen schon bildlich vor mir sehen. Ist das nicht schön Du hast den Schlüssel für alle Schatzkammern der Welt! Ab jetzt ist: „Alles ist möglich!" oder „Nichts ist unmöglich!" Ich kann mir Deinen Erfolg schon förmlich vorstellen.

Wende diese Formel konsequent an, und Du hast schon einen so großen Erfolg damit. Und damit es noch stärker wird, gibt es die 3-Finger-Technik: „Reibe Daumen, Zeigefinger und Mittelfinger aneinander, bitte mit beiden Händen!" Stelle Dir jetzt nochmal all das vor was Du schon gewünscht und losgelassen hast! Das Mache am Besten immer vor dem Schlafen gehen, dann kann morgens schon der Bär in Deinem Leben steppen! Es werden Sachen passieren, wo Du zu jemand anderem sagst: „Bitte kneife mich!"

Jetzt wünsche ich viel Erfolg mit dem Erfolgskreislauf und der 3-Finger-Technik!

Keine Angst wir sind noch lange nicht fertig mit den enormen Tipps zum „Einfach tun!"

Kapitel 6: Einfach-tun mit Selbstreflektion

Die Selbstreflektion ist ein sehr wichtiges Thema, nur wenn man diesen Prozess gut durchführen kann, ist man bereit für enormes Eigenwachstum!
Du bist so zu sagen Dein eigener Psychotherapeut. Ist das nicht genial – genial einfach! Trotzdem tun es viele Menschen fast gar nicht, sondern lassen sich von Fremden reflektieren.

Durch die Fremdreflektion hast Du auch immer die Gefahr von Burnout und psychischen Erkrankungen.

Sollten wir uns dieses Leid nicht ersparen, deshalb stelle ich Dir ein paar Fragen dazu:

- Handelst Du noch eigenständig im Leben oder unter der Flagge eines anderen?
- Behandelst Du andere Menschen gut?
- Hast Du ein Riesen-Ego oder bist Du noch Mensch geblieben?
- Bist Du bereit Menschen bei Ihrem Leben zu helfen?
- Arbeitest Du noch zielführend und hast Du schriftliche Ziele (mit Datum)?
- Führst Du eine gute Beziehung mit Deinem Partner, und hat er noch ein bedingungsloses JA von Dir?
- Hast Du die richtigen Experten in Deinem Umfeld oder solltest Du einige austauschen?
- Hast Du noch den richtigen Job, und bekommt auch er ein bedingungsloses JA von Dir?
- Hast Du noch Spaß am Abenteuer Leben oder vegetierst Du vor Dich hin?
- Sagst Du morgens zu Deinem Spiegelbild: Ich bin eine tolle Frau/ ein toller Mann?
- Gehst Du mit einem Lächeln auf die Menschen zu oder mit einem Gesicht wie 10 Tage Regenwetter?

- Lebst Du mit Leidenschaft und Begeisterung oder sind das für Dich Fremdwörter?
- Sitzt Du täglich in Deiner Komfortzone vor Deiner Hypnosekiste (Fernsehen)?
- Gibt es bei Dir auch noch Ver-rücktes wie: Bungee-Jumping, Fallschirmspringen, Wildwasserfahrt, Survival-Urlaub, u.s.w. oder ist alles eintönig und monoton?

… die Liste wäre noch um viele Punkte erweiterbar, doch diese reicht aus, um Veränderung mit Spaß im Leben an zu schieben.

Jetzt sagst Du was hat das ganze mit Feedback zu tun? Ist nicht die Ganzheit unseres Lebens maßgebend, nicht nur die psychologische und physionomische Verfassung! Da gehören auch alle Handlungen mit dazu…

Ich möchte Dich einfach mal inspirieren wieder ver-rückt zu sein, mal „OUT of the BOX" Deiner Komfort-Zone zu kommen! Und ich verspreche Dir das Du dadurch ein enormes Wachstum in Deinem Leben erleben wirst. Weiterhin wirst Du viele Menschen kennen lernen, die für Dich in Deinem weiteren Leben noch sehr wichtig sein können. „Bewege Du einfach mal Deinen Hintern, und zeige Deinem inneren Schweinehund die Zunge!"

Bewerte jetzt nicht, sondern führe die Übung konsequent durch, und es werden wahre Wunder geschehen – versprochen!

Kapitel 7: Direkter Impuls: „Einfach tun – JETZT"

Alle habe wir unsere Gründe. Da mache ich keine Ausnahme. Wie lange hat es gedauert dieses Buch fertig zu schreiben? Wie viel mal habe ich darum gedrückt im Alltag weiter zu schreiben? Wie viele Erfahrungen habe ich gesammelt um sie Dir jetzt weiter zu geben? Welche Hilfe von Außen musste ich annehmen? Hilfe annehmen ist nicht leicht, sowieso nicht wenn man so dominant („Rot" (Einteilung) bei Martin Betschart`s Buch „Ich weiss, wie Du tickst!") ist.

Man macht immer tausend Sachen, die man nicht machen sollte, man drückt sich vor Verantwortung. Wir liefern uns Ausreden warum dies und das jetzt nicht ging oder nicht möglich ist! Die Menschen fühlen sich in ihrer Komfort-Zone wohl, komme jetzt „Out of the box" … komme zum „Einfach tun"!

Wenn Du es jetzt machst, wirst Du sehen was alles tolles in Deinem Leben passiert.

Jetzt 2 Zitatimpulse zum Nachdenken:

„Sei so wie alle und sei dabei ganz Du selbst!" - Arno Gruen

„Wer nicht den Mut hat, auf seine eigene Art närrisch zu sein, hat ihn schwerlich, auf seine eigene Art klug zu sein." - Jean Paul

Veränderung darf und kann Spass machen!

Verändern sollen sich immer nur die anderen, ist das nicht so?

„Ich doch nicht, ich habe ja immer recht!"

„Ich aber kann es besser!"

Mit dieser Einstellung erreichst Du bei den anderen Widerstand, und es gibt immer Konflikte! Du wirst auf einmal die Ego`s der anderen aufpolieren, und sie werden wie Hähne und Hühner gegen Dich kämpfen, und picken Dir im schlimmsten Fall die Augen aus! Muss das sein?

Da gibt es einen tollen Satz: **„Ich mache es anders, schaue doch mal!"**

Dieser Satz entspannt die anderen, und so wirst Du ganz tief beim gegenüber in sein Gehirn gewaschen. Er oder Sie werden Dich immer öfter als Berater mit einbeziehen, denn Sie wissen das Du es anders aber gut machst. Du kommst so zu sagen über die Hintertür wieder rein, ohne das Du Dich unbeliebt machst.
Um Dich wirklich zu verändern, brauchst Du viel guten Willen und vor allem Vertrauen in Deine eigenen Fähigkeiten und Kräfte. Du brauchst Erfahrungen, wie Du Deine Energien für Deine Ziele mobilisieren kannst. Und die sammelst Du nur, wenn
Du mit dem ersten Schritt beginnst und endlich die „Einfach-tun-Methode" anwendest. Genau dort hin, wo es Dir am schwersten fällt. Dann kommt die große Veränderung von ganz allein. Du merkst sie vielleicht vor lauter kleinen Schritten nicht, aber ich sage Dir: Sie passiert einfach!

Kapitel 8: Deine Gedanken können Himmel oder Hölle in Deinem Leben realisieren

Deine Gedanken sind so enorm wichtig, damit Du auch ein Volltreffer-Leben leben kannst. Denn im einen Moment kann es Hölle bedeuten und im anderen Himmel. Es ist ein schmaler Grad auf dem Du wanderst, und die Negativen haben uns meistens mehr im Griff. Ich weiß von was ich spreche, das war ein langes Training, bis ich die richtig im Griff hatte. Deshalb sollst Du es ja von mir in diesem Buch lernen.

Warum meine Fehler auch machen, sondern modelliere mich, und Du gehst einen enorm schnellen Erfolgsweg – das kann ich Dir versprechen, wenn Du es konsequent anwendest!

Wir haben bis zu 70.000 Gedanken und Gefühle am Tag, ist das nicht Wahnsinn?! Und durch andere Menschen die uns Feedback geben, lassen wir uns mehr oder weniger beeinflussen. Doch liegt es ganz alleine an Dir, ob Du es an Dich ran lassen willst?! Denn Du bist der Kapitän Deines Erfolgsschiffes, und nicht irgend ein anderer Mensch, der Dein Leben streift oder länger begleitet. Denn Du machst dann aus dem Feedback: Himmel oder Hölle. Du bist alleine für Dein Leben verantwortlich – niemand anders!

*„Der Geist ist eine Stätte für sich,
er kann aus dem Himmel eine Hölle
und aus der Hölle einen Himmel machen."*

- John Milton

Dieses Zitat sagt doch sehr viel über die Situation aus. Wir entscheiden doch bewusst und unbewusst in was wir für einer Welt leben. Wenn Du Glück wählst – bekommst Du Glück. Wenn Du Pech wählst – bekommst Du Pech. Der Glauben und die Glaubenssätze sind enorm wichtig für Dich und Dein Leben, und können Dich aus der Bahn werfen oder in Dein Paradies auf Erden führen. Sei immer bestrebt Deine Glaubenssätze zu verbessern, damit sie Dich schneller zu Deinen Zielen führen.

Ist es nicht so, wenn Du negative Glaubenssätze und Konditionierungen hast, dann belügst Du Dich und Dein Leben? Das ist zwar hart ausgedrückt, doch ist eine Lüge ein tolles

Instrument? Natürlich nicht! Wenn jemand sagt der Kaffee ist zu stark, muss er dann für Dich auch zu stark sein? Möglicherweise ist er für Dich zu schwach! Das Leben gibt Dir in jeder Situation Feedback, schaue aber immer ob es auch auf Dich zutrifft. Ist es vielleicht dann wieder nötig das Zahnrad-System Deiner Gedanken wieder nach zu justieren?

Bleib dran an dem Feedback und Deine Gedanken!

Kapitel 9: Sharky-Methode

Benannt nach meinem Maskottchen Sharky (einem lächelnden weißen Hai mit Krawatte/ mehr auf meiner Homepage: www.einfach-tun.com) habe ich eine gigantisches Werkzeug entwickelt, das Ihre schlechte oder unangenehmen Situationen sofort verbessert. Wie so zu sagen mit einem Fingerschnippen kannst Du dies sofort positiv verändern. Ist das nicht Super?

Du kannst nach dieser Übung Bilder die unangenehm sind kleiner machen, und Bilder die angenehm sind größer machen. Dies ist eine NLP-Technik die ich von den Großmeistern Richard Bandler und Anthony Robbins gelernt habe, und die ich für mich nochmal verfeinert habe. Diese Technik ist also soweit ausgereift, das sie schon Millionen Mal erfolgreich verwendet worden ist. Also warum soll es bei Dir, bei konsequenter Anwendung, nicht klappen?!

Mache jetzt von der Situation oder Verhalten, bei geschlossenen Augen, das Du verändern willst ein helles großes Bild. Dann machst Du in dem großen Bild unten im rechten Eck ein dunkles und kleines Bild, das soll die zukünftige Erfahrung sein. Jetzt musst Du das dunkle Bild in Sekunden zu dem Hellen machen, und das Helle zum Dunkeln. Das hört sich jetzt einmal sehr kindisch an, doch wenn es beim ersten Mal nicht gleich klappt, wiederhole es bis zu 7 Mal. Lege in die Übung soviel Energie wie Du hast, denn diese Begeisterung der Übung wird Dich dann sowieso mitreißen. Diese Technik wird im Gehirn eine Menge von positiven Prozessen anschieben. Wichtig ist in der Übung immer wieder das Code-Wort „Sharky!" (möglicherweise auch noch mit den Fingern schnippsen!) zu sagen, denn das ist so zu sagen Dein Simsalabim oder Zauberspruch. Dadurch werden eine Menge an Synapsen in Deinem Gehirn verknüpft! Um die Übung noch intensiver machen, lasse das negative Bild, zum Schluss wie auf einem Spiegel in 1000 Teile zerspringen. So kannst Du auch Prüfungen und Herausforderungen des Lebens leichter meistern, und mit der Sharky-Methode eine enorme Lebensverbesserung erreichen.

Freue mich dann auch über Feedback unter der Email: swen-william@einfach-tun.com !

Setze die Sharky-Methode so oft Du kannst ein, und durch jedes einsetzen bzw. üben wirst Du dann Sharky-Methoden-Meister(-in).

Es werden Gefühle in Dir aufsteigen wie bei einem Olympiasieg oder einer Nacht mit Deine(r)m Partner(-in)! Es wird der Himmel auf Erden sein, und Hölle kennst Du nur noch bei anderen!
Mit dieser Technik kannst Du auch Phobien mit Spinnen oder Schlangen heilen. Du musst nur sehr viele Wiederholungen machen, den die Wiederholung ist die Mutter des Erfolges.

Bitte gebe nicht gleich auf, wenn diese Technik nicht gleich funktioniert, das ist reine Übungssache!

Kapitel 10: Das Einfach-tun-Rezept (Strategie) für Menschenmotivation

Das ist das was Du schon immer gesucht hast, ein Rezept wie man für jeden Menschen seinen persönlichen Motivationsknopf heraus findest.

Ist das nicht der Hammer? Das steigert den Wert des Buches jetzt ins Unermäßliche!
Nie mehr musst Du Dich dem anderen ergeben, Du hast immer noch ein Trumpf im Ärmel. Jetzt müssen wir uns nochmal die Sinne genau anschauen:

1. Visuell - Sehen
2. Auditiv - Hören
3. Kinästhetisch – Gefühlsebene

<u>Wörter die visuelle Typen verwenden</u>

Ein Blick – es scheint mir – der Schatten eines Verdachts – Vogelperspektive – einen Blick erhaschen – sich ausmalen – einen Überblick bekommen – meiner Ansicht nach …

<u>Wörter die auditive Typen verwenden</u>

Hintergedanke – Plappermaul – deutlich ausgedrückt – melden – im einzelnen beschreiben – die Ohren voll jammern – sich auszudrücken – einen Bericht geben – ein Ohr leihen – den Mund halten – Wort für Wort …

<u>Wörter die kinästhetische Typen verwenden</u>

Alles bereinigen – zum alten Eisen werfen – in den Griff kriegen – sich beherrschen – kühl/ ruhig/ gesammelt sein – in der Luft hängen – den Daumen drauf haben – auf die Palme bringen – Hand in Hand – Hitzkopf sein – die Karten auf den Tisch legen …

Jetzt siehst Du ja was welche der Typen für Wörter verwenden, und die die er am meisten benutzt, zu dieser Sparte gehört er oder sie. Das heißt man kann diese Menschen genau auf A/V/K – Kanal motivieren.

Jetzt gehen wir noch tiefer, weiterhin haben diese Menschen eine bestimmtes Rezept wie sie Handlungen anordnen. Das ist der nächste wichtige Punkt!
Jetzt wird es richtig spannend, bitte lese folgende Sätze:

1. Der Hund hat Jim gebissen
2. Jim hat den Hund gebissen
3. Joe verspeist den Hummer
4. Der Hummer verspeist Joe

Es ist immer die Art der Anordnung, also wie läuft das Rezept genau ab. Wenn man das Rezept einfach ändert hat man sofort ein anderes Produkt. Deshalb ist das Rezept so wichtig. Das Gehirn bekommt ganz neue Reize und Bilder, egal ob Du nicht sehr visuell bist, die Bilder sind sehr sehr wichtig.

Wenn wir unserem Gehirn bzw. der zu motivierten Person das richtige Rezept geben, dann kann das Ergebnis schneller und besser erreicht werden. Wir haben für alles im Leben ein Rezept/ Strategie.
Um zum Beispiel sich neu zu verlieben, sich zu einem Menschen hingezogen zu fühlen...da haben wir doch ein Rezept/ Strategie. Wie war es sonst bei Dir? Wie hast Du Deine Partnerin gefunden? Was hast Du gemacht? Wie bist Du zum Erfolg gekommen?
Wenn Du Dich jetzt selbst zu Höchstleistung motivieren musst, Du Dir Dein eigenes Rezept vorstellst, dann suche Dir Profis oder Könner, die das schon durchgeführt haben, und kopiere deren Rezept bzw. Strategie. Meinst Du das schaffst Du? Na klar! Wenn Du die Erfolgsstrategie immer wieder trainierst, kommst Du mit Lichtgeschwindigkeit zu Deinem Ziel!
Es gibt Strategien und Rezepte für finanziellen Erfolg, Gesundheit, Glück und Liebe. Wenn Du Menschen findest die in einem der Bereiche schon erfolgreich sind, dann brauchst Du nur deren Strategie zu kopieren. WOW – wenn ich das schon früher gewusst hätte?! Dafür weißt Du es jetzt – bevor Du dumm gestorben wärst (kleine Ironie am Rande) ;-) Es ist auch gut die Übungen für eine Strategie mit Visualisierung zu machen. Schließe die Augen und stelle Dir vor, wie Du es schon erfolgreich erledigt hast. Dir die Menschen zujubeln oder der Chef Dir eine Gehaltserhöhung gibt!

Wir haben alle eine Strategie – um uns zu motivieren, etwas zu

kaufen, jemanden zu lieben oder uns von etwas angezogen zu fühlen.
Gehe in Dich, und nutze die Übung ab heute täglich!

Kapitel 11: Einfach-tun-Elizitation von Strategien

*„Fang vorn an", sagte der König würdevoll,
„und geh weiter, bis Du ans Ende gelangst;
dann bleibe stehen!"*

Hast Du schon mal einem Schlossermeister bei der Arbeit zugesehen? Es ist wie Zauberei. Er spielt mit einem Schloss, hört und sieht Dinge, die wir nicht hören und sehen. Und so findet er die Kombination von jedem Safe!
Wie findest Du jetzt jede Kombination = Syntax eines Menschen heraus?
Das ist das nächste Geheimnis das ich Dir verraten werde.
Mensch dieser Swen-William ist der Hammer, was der alles Preis gibt?! Genau das ist die Klasse eines guten Trainers und Keynote-Speakers sein Wissen weiter zu geben, und das die Menschen es dann auch umsetzen können.
Gute Kommunikatoren arbeiten auf die gleiche Weise. So kannst Du jede mentale Syntax jedes Menschen herausfinden. Du weißt dann wie Du jede Kombination – jedes Menschens knackst! JACKPOT!

Du musst Dich auf alle Deine Sinne verlassen! Du musst ein guter Beobachter und Frager sein, dann ist das alles kein Problem.

Der große Schlüssel für die Elizitation von Strategien ist die Gewissheit, dass die anderen Personen Dir alle Informationen geben werden, die Du brauchst! Sie werden Dir mit Worten, Bildern und Gefühlen sagen, wie sie ihren Körper in die Verfassung bringen alles **„EINFACH zu TUN!"** Du wirst in einem Menschen lesen wie in einer Landkarte oder einem Buch. Denn die Strategie ist die, diese Repräsentationen richtig an zu ordnen. Du brauchst nichts anderes zu tun, als die anderen ihre Strategie anwenden darauf zu achten mit welchen Ablauf die das TUN.
Bevor Du die Strategien effektiv elizitieren kannst, muss Du wissen, was Du beobachten sollst. Nämlich wie der Mensch sein Nervensystem benutzt. Es geht wieder um die 3 Kanäle: Visuell – auditiv – kinästhetisch! Bevor wir jetzt in das Detail gehen, brauchen wir das dominierende Repräsentationssystem. Welches der 3 Kanäle ist der Hauptkanal der Person: V/A/K?

Visuelle Typen neigen dazu schnell zu sprechen und kümmern sich nicht um die Wortwahl! Diese Personen beschreiben vielmehr Bilder, und sprechen weiterhin in bildhaften Metaphern. Sie sprechen über Muster die sie erkennen, ob Dinge hell oder dunkel erscheinen.

Auditive Typen neigen dazu wählerisch zu sein in der Wortwahl. Weiterhin nutzen diese klangvolle und klare Stimmen und sprechen rhythmischer, langsamer und getragener. Deshalb achten Sie auch bei fremden Personen peinlich genau, was diese sprechen und zu sagen haben.

Kinästhetische Typen sind meist noch langsamer, und Sie reagieren stark auf Gefühle. Die Stimme ist häufig sehr tief, und die Worte kommen zäh aus Ihrem Mund. Für diese Menschen ist alles schwer und intensiv!

Natürlich vermischen sich die Systeme auch in uns, doch orientieren wir uns an einem Haupttyp. Deshalb musst Du bei Zweifeln nochmal genauer Nachfragen und Beobachten. Gehe auch genau auf die Augen ein, den die Augen sind der Spiegel der Seele. Frage manchmal auch so wie „Columbo" es in seinen Filmen gemacht hat, unortodox und unangepasst. Und sei erstaunt was Du alles heraus bekommst.

Um jetzt das ganze nochmal plastisch darzustellen, nehmen wir eines der wichtigsten Faktoren im Leben: „Liebe", und anhand einer Liebesstrategie erkläre ich Dir nochmal die Technik.
Kannst Du Dir eine Zeit vorstellen in der Du Dich geliebt gefühlt hast?
Kannst Du Dich an bestimmte Situationen erinnern?
Wenn Du jetzt in Gedanken zurück gehst und Du diese Situation nochmals erlebst ... (Du induzierst den Zustand)

V:
Was muss der Partner unbedingt tun, damit Du dieses tiefe Gefühl der Liebe spürst?
Musst Du sie ausführen?
Musst Du sie beschenken?
Musst Du sie auf eine ganz besondere Weise anschauen?

Ist es unerlässlich, dass Dein Partner Dir die Liebe genau auf diese Weise zeigt, damit Du Dich geliebt fühlst? (Das erkennst Du an der Physiologie der Person ob der gewünschte Zustand eintritt!)

A:
Ist es für Dich unerlässlich, um dieses tiefe Gefühl von Liebe zu verspüren, dass Dein Partner Dir auf eine ganz bestimmte Weise sagt, dass er Sie liebt? (Das erkennst Du an der Physiologie der Person ob der gewünschte Zustand eintritt!)

K:
Ist es für Dich unerlässlich, um dieses tiefe Gefühl von Liebe zu spüren, dass Dein Partner Dich auf eine ganz besondere Weise berührt?
(Das erkennst Du an der Physiologie der Person ob der gewünschte Zustand eintritt!)

Elizitiere jetzt die Submodalitäten. Wie genau? Überprüfe Deine Strategie! Entscheide Du anhand der Physiologie, ob der gewünschte Zustand kongruent eintritt.

Übe so oft wie Du kannst, und ich bin überzeugt das Dich diese Technik um Lichtjahre in Deiner Persönlichkeitsentwicklung weiterbringt!

Kapitel 12: Die Physiologie – der „Einfach tun-Königsweg" zu Spitzenleistungen

In meinen Seminaren sorge ich immer dafür, dass es sehr lebhafte, ausgelassene und verrückte Momente gibt.
Wenn Du im richtigen Augenblick zur Tür hereinkämen würdest Du viele Menschen vor Dir sehen, die in die Luft springen, wilde Schreie ausstoßen, brüllen wie Löwen, mit den Armen um sich schlagen, die Fäuste schütteln, in die Hände klatschen, sich in die Brust werfen und wie stolze Gockel umher spazieren, kurz, sich wie wild gebärden und mit ihrer Energie eine ganze Stadt in Licht tauchen könnten.
Was ist den jetzt los – was geht jetzt ab?
Das ganze Ramba Zamba hat nur ein Ziel: Sich zu geben als sei man in einer ressourcevollen, mächtigen und glücklichen Situation als je zu vor! Man hätte die Energie eines Tigers, und Du Dich förmlich mit den Tatzen im Erfolg fest grallst. Eine Möglichkeit sich so zu fühlen, ist sich bereits an Deinem Ziel zu sehen.
Die Physiologie ist das mächtigste Werkzeug das ein Mensch hat, und deshalb ist es so wichtig diesen resourcevollen Moment so schnell wie möglich aufzurufen um Spitzenleistungen zu erreichen!

Wenn Du die Macht besitzen willst, dann verhalte Dich so als hättest Du Sie schon!

Ich erwarte das meine Seminarteilnehmer, möglicherweise auch bald Du, nachhaltige Ergebnisse erreichen. Damit Du eine positive Veränderung in Deinem Leben erreichst. Es gibt kein Handeln ohne diese enorme „Einfach tun-Power"!
Um so häufiger Du diesem Moment erreichst, wirst Du merken das Du ihn für Dein Leben konditioniert hast. Ich sage meistens: „Es gibt keinen Geist, es gibt nur den Körper!" Und: „Es gibt keine Körper, es gibt nur Geist!" Wenn Du Deine Körperhaltung, Atmung, das Spannungsmuster der Muskeln veränderst, dann veränderst Du auch Deinen physionomischen Zustand.
Kannst Du Dich noch an eine Zeit erinnern wo Du völlig ausgelaugt warst? Wie hast Du da die Welt wahrgenommen? Wenn Du in so einem schlechten Zustand bist, dann erscheint Dir die Welt völlig anders, als wenn Du Dich ausgeruht, lebendig und vital fühlst. Deshalb ist dieses jetzt erlernte Werkzeug so enorm wichtig für Dein

Leben! Deshalb nennt man das auch eine kybernetische Schleife, die ständig in Aktion bleibt.

Wenn Du dieses berücksichtigst wirst Du merken wie Deine ganzen Emotionen sich positiv verändern. Du legst sozusagen immer den Hebel um, und Du bist immer in diesem ruhigen und powervollen Zustand – ist das nicht genial?

Achte ab jetzt immer auf Deine Körperhaltung und Atmung, denn diese sind 2 wichtige Faktoren für diesen Zustand. Denke Dir einen Draht der durch Deine Wirbelsäule geht und aus Deinem Kopf oben raus kommt, und den Du nur immer virtuell nach
oben ziehen musst. Deine Atmung ist schön gleichmäßig, so das immer ein guter Sauerstoffaustausch da ist.

Depression und andere psychische Krankheiten schließt die Körperhaltung und Atmung von vorne herein jetzt aus!

Ein weitere Möglichkeit diesen Zustand ist, während Du läufst, schaue diagonal nach oben in den Himmel oder an die Decke. Hast Du schon mal einen Depressiven an die Decke starren sehen? Die schauen alle meisten nach unten oder auf den Boden! So kannst Du auch schnell Personen helfen, die sich besser fühlen möchten.

Weiterhin kannst Du auch so verfahren, wenn Du jemand Wichtiges anrufen möchtest. Erst hast Du Respekt und traust Dich nicht, doch in dem ressourcevollen Zustand ist das auf einmal sofort möglich.

Das ist genauso bei meinen Feuerläufen, wie sollen ressourcelose Menschen über einen Feuerteppich laufen? Die müssen auch in einem ressourcevollen Zustand sein, und am Anfang des Feuerteppichs nach oben sehen. Dabei sagen diese dann: „Kühles Moos, kühles Moos!" Sozusagen Umprogrammierung des Kopfs + den ressourcevollen Zustand = gefahrloser Feuerlauf! Genauso funktioniert dann der Gang über oder der Sprung in die Scherben!

Jetzt bringen wir noch eine weitere Variante in den ressourcevollen Zustand: **Das Lachen!**

Lachen ist eine der besten Drogen die ein Mensch haben kann. Was eine Droge? Ja ein Droge! Es ist die positivste Droge die wir als Mensch haben. Mit dieser Droge oder Wunderwaffe können Sie fast alle Krankheiten heilen. Ich nenne es deshalb die „positive Droge" für den Menschen.

Lache so oft Du kannst und wo Du kannst. Das Lachen bewegt 80 Muskeln am und im Körper, die auch maßgebend an der Blutzufuhr beteiligt sind. Die Blutzufuhr zum Gehirn ist eines der wichtigsten Lebensgrundlagen – so wichtig wie die Sauerstoffzufuhr! Lachen kann alle Körperfunktionen positiv beeinflussen, das schrieb schon Norman Cousins in dem Buch: „Der Arzt in uns selbst!". Du brauchst keinen Arzt, denn die Ärzte machen ein meistens kränker in dem Moment wo wir bei ihnen sind. Deshalb nutze dieses mächtige Werkzeug **Lachen** für Dich so oft Du kannst. Auch Gott möchte uns lieber Lachen als Weinen sehen!

Jetzt hast Du soviel Gutes gelernt, das hast Du wahrscheinlich bis jetzt in Deinem Leben nicht gelernt? Sei ehrlich – einiges wusstest Du, doch die Anwendung, das „Einfach tun" hat gefehlt!

Kapitel 13: Die „Einfach tun-Energie" ist der Treibstoff für besondere Leistungen

Gesundheit ist für den Menschen
die Grundlage seines Glücks,
aus Ihr schöpft er seine ganze Kraft.

Benjamin Disraeli

Nachdem Du jetzt mitbekommen hast wie wichtig die Physiologie als Königsweg ist, ein weiterer Erfolgsfaktor ist das Spannungsmuster in Muskeln.
Wie Spannungsmuster in Muskeln?
Das sieht dann folgendermaßen aus: Andere **Körperhaltung** einnehmen, den **Gesichtsausdruck** ändern und anders **atmen**.
Alles was ich bis jetzt erklärt habe geht auf die biochemischen Funktionen Deines Körpers zurück. Du musst Deinen Körper in guter Verfassung halten. Da ich persönlich schon immer ein stemmiger und muskulöser Typ bin, haben und hatten viele Menschen Vorurteile gegen mich, und steckten mich in eine Schublade. Doch ich mache fast jeden Tag Sport: Schwimmen, Krafttraining und Joggen. Die Meinung der Leute ändert sich: Wenn sie mich auf der Bühne als Keynote-Speaker gesehen haben, dann sind die meisten Teilnehmer begeistert von mir!
Wie schon gesagt Energie ist der Treibstoff für außergewöhnliche Leistungen. Du kannst die internalen Repräsentationen ändern, doch wenn die biochemischen Vorgänge in Deinem Körper verzerrt sind, dann ist der ganze Prozess durcheinander. Du kannst den rasantesten Ferrari oder Masserati haben, aber wenn Du den mit Bier betankst, wird er nicht fahren. Wenn Du den rasantesten Wagen hast, und doch Du nicht den richtigen Treibstoff verwendest, und die Zündkerzen falsch eingestellt sind – können keine besondere Leistungen raus kommen. Das Leuchtet doch ein oder? Ja oder Ja?

Energie:
Je höher Dein Energieniveau, desto leistungsfähiger ist Dein Körper. Je leistungsfähiger Dein Körper, desto wohler fühlst Du Dich. Dann hast Du auch viel mehr Lust Deine Fähigkeiten ein zu setzen.

Man schenkt immer den Göttern in WEISS (Doktoren) das Vertrauen, ohne diese zu hinterfragen. Ist Dir schon mal aufgefallen, das die sich selbst nie einig sind. Mir sind die Titel gleichgültig, Du und ich wollen Resultate sehen, alleine die Zählen!

Das große Thema „Schlafen":
Früher brauchte ich mindestens 8 Stunden Schlaf, damit ich voll leistungsfähig war. Nachdem Aufstehen brauchte ich einen ganz starken Kaffee, um überhaupt in die Gänge zu kommen!
Heute reichen mir 4-5 Stunden, und ich springe wie eine Rakete aus dem Bett. Ich bin sofort voll leistungsfähig, und bin sofort in einer enormen Kreativphase.

Was findest Du besser? Mit welcher Art kann man erfolgreicher sein und seine Ressourcen voll nutzen?

Jetzt nenne ich Dir noch wichtige Parameter um Deine Energieniveau nach oben zu setzen:

A. Richtiges Atmen

Was richtiges Atmen, was hat denn das mit Energie zu tun, wirst Du mich jetzt fragen?!
Sehr viel und ich werde es Dir genau erklären!
Grundlage einer guten Gesundheit ist ein gesunder Blutkreislauf, der Sauerstoff und Nährstoffe in jede Zelle Deines Körpers transportiert. Mit einem gesunden Kreislauf wirst Du lange und gesund leben können. Die wichtigste Einflussgröße in diesem System ist die Atmung. Sie versorgt den Körper mit Sauerstoff und bildet so die Grundlage für die elektrischen Prozesse in den Zellen.
Das Atmen ist wichtig für die Zellen und vor allem das es das Gehirn mit Sauerstoff versorgt, sonst könnten wir nicht leben. Als wichtigster Baustein gilt hier das Lymphsystem, indem die weißen Blutkörperchen enthalten sind, und die den Körper schützen. Jede Zelle ist von Lymphflüssigkeit umgeben, und das System funktioniert nur gut, wenn genügend Sauerstoff zugeführt wird. Es ist ein so genannter Katalysator für den Körper, und spült auch mit dem Sauerstoff Gift aus dem Körper!
Deshalb ist Joggen in der freien Natur ein wichtiger Baustein um kräftig Sauerstoff in unser System zu spülen.

Es gibt eine einfache und effektive Übung, die unser Gift im Körper durch eine simple Atemtechnik positiv beeinflusst: Atme ein, halte den Atem 4x so lange an wie Du ihn eingeatmet hast, und dann atme genauso lang aus! So aktivierst Du das Lymphsystem sehr effektiv. Führe das öfter am Tag aus, so dass Dein Körper noch mehr Energie bekommt.

B. Die Einnahme wasserhaltiger Nahrung

80% des Körpers besteht aus Wasser!
Was sollte nach Deiner Meinung Deine Nahrung enthalten?
70% Deiner Ernährung sollte aus wasserhaltiger Nahrung bestehen!
Das bedeutet vor allem frisches Obst oder Gemüse und frisch gepresste Säfte.
Es gibt auch immer wieder Streit über die zugeführte Wassermenge über den Tag: Nach der Regel solltest Du 2-3 Liter täglich trinken. Ich gehe davon aus, wenn Du viel wasserhaltige Nahrung ist, reicht es aus wenn Du Durst hast zu trinken. Meistens ist denn das Wasser aus Flaschen auch nicht immer das Gesündeste. Deshalb nutze das Wasser aus dem Wasserhahn, das ist meistens der bessere Weg. Das Wasser löst in uns viele Ablagerungen und macht den Organismus zu einem Kraftwerk.
Noch eine Beobachtung aus der Natur, die kräftigsten Tier ernähren sich von wasserhaltiger Nahrung: Gorillas, Elefanten und Nashörner.

C. Kontrolliere Deine Nahrungsaufnahme

Isst Du gerne? Ich auch. Willst Du wissen, wie man es fertigbringt, eine Menge zu essen? Ja? Esse wenig, dann wirst Du lange leben, um viel essen zu können.
Der sicherste Weg, die Lebensspanne eines Tieres zu verlängern, besteht darin, die Nahrungsmenge zu reduzieren, die es verzehrt. Da gibt es einen Test von Clive McCay wo er Laborratten die Nahrung halbiert, und so die Lebensdauer sich ums doppelte erhöht hat. Weiterhin wird auch Dein Alterungsprozess verlangsamt, und Du siehst länger jung aus!

„Esse weniger, und dann lebst Du länger!"

Es spricht nichts gegen ein großes Steak, wenn der Salat genauso groß oder noch größer ist ;-)

D. Esse viel Obst

Jetzt sagst Du innerlich, das ist doch auch wasserhaltige Nahrung! Richtig – doch ist Obst die vollkommene Nahrung.
Obst benötigt die wenigste Energie um verdaut zu werden, trotzdem liefert diese die meisten Nährstoffe. Dann liefert Obst noch Traubenzucker für das Gehirn, und besteht aus Fruchtzucker der in Traubenzucker umgewandelt wird. Das Obst besteht zu 90 bis 95% aus Wasser, nährt und reinigt gleichzeitig Deinen Körper.

Obst sollte man am Besten auf leeren Magen essen, dann ist es am wirksamsten. Denn mit anderen Speisen kombiniert verursacht es eine Gärung in Deinem Magen und so Blähungen.
Weiterhin ist Obst das beste Mittel um sich vor Herzkrankheiten zu schützen!

Kapitel 14: Ziele im Volltreffer-Leben

Der Weg ist das Ziel. – Konfuzius

Es gibt nur einen Erfolg – nach seinen eigenen Vorstellungen leben zu können. - Christopher Morley

Die 2 Zitate sagen schon sehr viel aus! Ziele = was willst Du erreichen! Was willst Du – weißt Du es schon?

Das beste Werkzeug aus diesem Buch nützt Dir nichts, wenn Du keine klaren Vorstellungen hast, wie Du diese verwenden willst. Wenn Du es nicht weißt, hast Du zwar wunderbare Werkzeuge, doch die sind dann völlig wertlos.
Bis jetzt hast Du in diesem Buch gelernt das Du unbegrenzte Möglichkeiten hast. Der große Schlüssel dazu ist das Modellieren, Spitzenleistungen sind reproduzierbar. Wenn es andere schon getan haben, musst Du es nur modellieren, um die gleichen Ergebnisse zu erreichen. Wenn es über Feuer laufen ist oder viel Geld zu verdienen oder eine tolle Beziehung zu führen. Wir sind uns im Klaren, das Resultate nur durch eine bestimmte Kombination von Handlungen zustande kommt! Jede Wirkung hat eine Ursache. Wenn Du die Handlungen einer Person – im Inneren wie die Äußeren – genau reproduzierst, dann können am Ende nur die gleichen Resultate herauskommen. Du beginnst dabei erst mit den mentalen Handlungen, dann seine Glaubenssysteme, dann die mentale Syntax, und schließlich spiegelst Du noch die Physiologie.
Du hast gelernt, dass der Glaube über Erfolg und Misserfolg entscheidet. Ob Du glaubst, dass Du etwas tun kannst oder Du glaubst es nicht, dass Du es tun kannst – Du hast immer recht. Wenn es anders sein sollte, dann verschließt Du den Zugang zu den Wunderwerkzeugen!

1. Bestimme Dein Ziel
2. Entwickle die Wahrnehmungsfähigkeit
3. Werde flexibel genug um Dein Verhalten solange zu ändern bis es die gewünschten Resultate bringt
4. Setze die Segel Deines Erfolgsbootes immer neu, und lasse Dich nicht entmutigen
5. Du musst ein Powermensch sein

*„Die Menschen sind nicht faul.
Sie haben bloß keine Ziele,
die es sich zu verfolgen lohnt."*
  – Tony Robbins

Dieser Prozess hat eine unglaubliche Dynamik. Je mehr Ressourcen Du entwickelst, um so mehr Power hast Du; je mehr Kraft Du hast, umso größer ist die Chance noch mehr Ressourcen zu erschließen und noch powervollere Zustände zu erleben.
Unser Körper, unser Gehirn und unsere Zustände sind wie ein Stimmgabel, die im Einklang mit der höheren Ebene des Seins sind. Je besser sie eingestimmt sind, umso besser kannst Du Dich an diesen Reichtum des Wissens und des Gefühls anschließen. So wie uns die Informationen aus unserem Unbewussten erreichen, so können auch von dort Informationen zu uns gelangen, wenn unser Zustand ressourcevoll genug ist, um sie zu empfangen.
Dazu ist allerdings das Wissen was wir wollen unabdingbar. Unser Unbewusstes verbreitet Informationen so, dass wir in bestimmte Richtungen gelenkt werden. Selbst auf der unbewussten Ebene werden Informationen verzerrt, getilgt und generalisiert. Bevor wir also unsere geistigen Kräfte wirksam einsetzen können, müssen wir die Repräsentation von den Zielen entwickeln, die wir erreichen wollen. Maxwell Maltz nennt das: „Psychokybernetik"! Wenn unser Geist ein klar definiertes Ziel hat, kann er sehr leicht Richtungskorrekturen vornehmen, bis wir das Ziel erreicht haben. Wenn wir kein klar definiertes Ziel haben, verschwenden wir die Energie. Es ist so als hätten wir ein Zauberwerkzeug, doch wir können nicht zaubern !!!
Deshalb sind die klaren Vorstellungen von Deinen Zielen so wichtig, die den ganzen Prozess sehr stark beeinflussen. Eine Statistik zeigt das nur 5% eine klare Vorstellungen von ihren Zielen hat! Und nur die 5% haben die Möglichkeiten enorme Ziele zu erreichen.

Gewinnen fängt an mit Beginnen! Einfach tun!

Die meisten Menschen unserer Zeit leben in einem Zustand der ständigen Verwirrung. Sie gehen erst in die eine Richtung, und dann wieder in die andere. Sie beginnen eine Sache, geben sie dann wieder auf und versuchen es mit einer anderen. Ihr Problem ist, dass sie nicht wissen, was sie wollen. Sie können kein Ziel erreichen, weil sie ihr Ziel nicht kennen.

Es ist jetzt Deine Aufgabe zu träumen, doch ist es sehr wichtig ganz präzise und zielgerichtet zu träumen.
Wenn Du das Kapitel nur liest, wird es keine große Wirkung haben! Nehme Dir jetzt einen Stift und ein Papier zur Hand, und nehme das Kapitel als ein Zielsetzungsseminar auf. Suche Dir jetzt einen Platz wo Du Dich sehr wohl fühlst, und den Du sehr inspirierend findest! Nehme Dir jetzt mindestens 1 Stunde Zeit, um heraus zu finden, was Du willst. Es kann die wertvollste Stunde Deines Lebens werden !!!
Wir werden jetzt Ziele und Resultate genau festlegen! Du wirst danach eine Karte haben auf der die Straßen genau verzeichnet sein werden, die Du in Deinem Leben befahren willst. Du wirst so herausfinden wohin Du willst und wie Du dahin kommst !!!
Gebe Dir jetzt keine Beschränkungen mehr, sondern schreibe so wie Du es geträumt hast, natürlich mit ein bisschen gesundem Menschenverstand. Doch wenn Du geschickt vorgehst, gibt es keine Einschränkungen, für das was Du erreichen willst. Es ist wichtig große Ziele zu setzen, frei nach Brian Tracy: „Thinking Big (Buch)!"

1. Formuliere Dein Ziel positiv
2. Drücke Dich so präzise wie möglich aus
3. Bestimme Deine genauen Zielerkennungskriterien
4. Übernehme Du die Kontrolle
5. Überprüfe ob Deine Ziele für Deine persönliche Ökologie vorteilhaft und wünschenswert sind

Das sollte so aussehen: „Ich bin dankbar und glücklich das ich dies/das erreicht habe...! Ich fühle mich z.B. phantastisch und glücklich bei der Zielerreichung! Dabei übernehme ich die volle Kontrolle um diese zu erreichen. Durch die Zielerreichung haben ich folgenden Nutzen für mich: ... und meine Mitmenschen, den...!"

Jetzt gehen wir weiter ins Details:

1. Beginne eine Liste Deiner Träume, schreibe all das auf, was Du haben willst, tun willst und sein willst!
2. Gehe jetzt die Liste durch und gebe an, in welcher Zeit Du die einzelnen Ziele erreichen willst!
3. Wähle nun die Ziele aus, die Du noch in diesem Jahr erreichen willst!

4. Überprüfe ob die Ziele auf Deiner Liste auch den 5 Regeln der Zielformulierung entsprechen!
5. Welche Ressourcen stehen Dir schon zur Verfügung?
6. Erinnere Dich an die Gelegenheit wo Du die Ressourcen schon mal sehr wirksam eingesetzt hast!
7. Beschreibe wie Du sein musst um die Ziele zu erreichen!
8. Schreibe jetzt auf was Dich hindert das zu haben!
9. Nehme Dir jetzt Zeit, um für jedes Deiner 4 wichtigsten Ziele einen ersten Plan zu entwerfen, in dem jeder einzelne Zwischenschritt aufgeführt ist!
10. Wähle einige Vorbilder aus!
11. Es ist sehr gut viele verschiedene Ziele zu haben!
12. Manchmal vergessen wir das Träume zu Hause beginnen!

Zu 1. Schaffe jetzt die in Deiner Vorstellung die Menschen, die Gefühle und die Orte, die sie zu einem Teil Deines Lebens machen willst. Nimm jetzt ein Blatt Papier und schreibe das auf! Schreibe einfach nur auf – ohne zu bewerten! Es gibt in dieser Phase keinerlei Grenzen – vergesse das nicht! Gebe dem Stift keine Pause und schreibe Deine ganzen Gedanken auf! Das Leben ist im Moment ein Spiel für Dich, und alles ist möglich!

Zu 2. Wie sieht es in 6 Monaten, einem Jahr, in 2 Jahren, 5 Jahren, 10 Jahren, 20 Jahren aus! Es ist wichtig in welchem Zeitrahmen Du Dich bewegst.

Sehe Dir jetzt Deine Liste an. Bei vielen gibt es Ziele die Sie nur heute erreichen wollen ohne in die Zukunft zu schauen. Ist das sehr motivierend? Nein natürlich nicht! Kurzfristige Ziele sind auch wichtig, doch nichts schlägt die Vision in eine noch kommende positive Zukunft. Nur diese Vision ruft Dein volles Potenzial ab! Denke immer daran: „Selbst eine Reise mit tausenden von Kilometern beginnt mit dem ersten Schritt!" Es ist wichtig sich über die ersten und letzten Schritte im Klaren zu sein!

Zu 3. Bestimme die Wünsche an deren Erfüllung Dir am meisten liegt, die Dir die größte Freude und Befriedigung verschaffen würden! Schreibe Sie JETZT auf! Begründe warum Du auf jeden Fall diese Ziele erreichen willst. Drücke Dich klar und positiv aus. Schreibe noch auf warum Du Dir ganz sicher bist diese Ziele zu erreichen und warum Du das tust! Das gibt einen enorme

Motivationswelle, die Dich jeden Tag voran treibt. Diese Motive entscheiden über Deine Leidenschaft & Begeisterung die Du einsetzt. Wir müssen bereit sein 120% zu investieren, und über alle Schmerzpunkte hinweg zu gehen. Dann ist alles für Dich Berufung, und Du bist jeden Tag berufen!

Zu 4. Sind die Ziele positiv formuliert? Sind die Ziele sinnesspezifisch formuliert? Sind die Zielerkennungskriterien bestimmt? Beschreibe was Du erleben wirst, wenn Du alle Deine Ziele erreicht hast? Können die Ziele durch Dich aufrecht erhalten bleiben, und sind diese ökologisch wünschenswert für Dich und andere? Wenn es nicht so sein soll, musst Du die Ziele verändern!

Zu 5. Welche Werkzeuge hast Du schon zur Verfügung? Jetzt schreibe die Werkzeuge auf und die die Du noch brauchen kannst! Dazu gehört:

- Charaktereigenschaften
- Freunde
- finanzielle Mittel
- Bildung
- Zeit
- Ausdauer
- ...

zu 6. Suche jetzt 3-4 Ereignisse im Leben wo Du schon sehr erfolgreich warst! Das kann Sport, Beruf, Beziehung, ein finanzieller Erfolg, u.s.w. sein. Es kann auch ein toller Ausflug, Erlebnis mit Deinen Kindern, ... schreibe alles ganz genau auf! Wie hast Du das gemacht, was für Werkzeuge hast Du verwendet, wie hast Du Dich gefühlt!!!

zu 7. Wirst Du eine besondere Disziplin oder eine bestimmte Ausbildung dazu brauchen? Wirst Du Dir Deine Zeit gut einteilen? Wo willst Du es zu was bringen in der Politik, in einem Verein oder wo anders? Diese Veränderungen musst Du aufschreiben! Brauchst Du dazu eine große Menge von Menschen, dann schreibe auf wie viel! Du musst alle Bestandteile Deines Erfolgs kennen: Einstellung, Glaube, Verhaltensweisen, ... ! Schreibe diese nochmal genau auf! Nehme Dir dafür ruhig viel Zeit...

zu 8. Das ist die Möglichkeit Deine Beschränkungen die Du konditioniert hast zu überwinden. An was liegt es? An Deinen Planungen? Oder hast Du einen Plan und kommst nicht ins „Einfach tun"? Oder machst Du zu viel auf einmal? Malst Du Dir immer das Schlimmste aus, und bekommst es dann auch? Wir beschränken uns selber, deshalb überlege Dir das ganz genau, und schreibe alles auf !!!
Das Wichtigste ist das EINFACH TUN !!!

Wenn Du ein Haus baust brauchst Du vorher auch eine Skizze, sozusagen einen Plan!

Wenn Du einen Plan hast, gehst Du ganz anders an die Aufgabe ran, und dann geht es gut voran.

Welche Handlungen sind nötig um Ergebnisse zu erzielen?

Verwende die Informationen aus der letzten Übung, um Deinen Plan zu entwerfen. Wenn Du nicht weißt wie der Plan aussehen soll, dann denke daran wie Du Dich selber beschränkst das Du nicht das bekommst was Du willst? Diese Übung ist super für Deine positive Veränderung, die dann ein Zwischenziel auf dem Weg zur Verwirklichung Deiner Ziele sind.

Zu 9. Beginne mit dem Ziel und frage Dich: „Was muss ich tun, um es zu erreichen?" Deine Pläne müssen was beinhalten was Du heute schon tun kannst! Nun haben wir die Grundregeln des Erfolges festgesetzt und abgeschlossen. Du hast jetzt Deine kurz- und langfristigen Ziele behandelt, und welche Eigenschaften für Deine Persönlichkeit wichtig sind. Jetzt brauchst Du nur noch die Strategie um an Deine Ziele zu kommen.

Was ist der sicherste Weg, um Spitzenleistungen zu erbringen? Modelliere jemand der das bereits erreicht hat, was Du selbst tun möchtest.

Zu 10. Das können Menschen aus Deinem privaten Umfeld sein oder auch berühmte Menschen. Schreibe jetzt 3 bis 4 Personen auf, die Dir jetzt sofort einfallen. Dann schreibe die Erfolgseigenschaften auf, die die Personen haben. Jetzt stelle Dir vor, wie diese Person Dir einen Rat gibt, wie Du Deine Ziele schneller erreichst. Schreibe Dir dann die wichtigsten Antworten auf, die Dir diese Personen geben. Das hilft Dir bestimmt ein paar Hürden und Einschränkungen zu umgehen. Stelle Dir einfach bildlich vor wie Du mit jedem der Personen sprichst, und dann schreibe den Gedanken auf, der Dir gerade durch den Kopf geht. Auch wenn Du die Person nicht persönlich kennst, können die doch ausgezeichnete Ratgeber sein!

Steven Spielberg modellierte z.B. die Leute die in dem Filmstudio arbeiteten, bevor er dort selbst einen Job bekam. Praktisch jeder der erfolgreich ist, hatte Vorbilder, einen Mentor oder Lehrer, die ihn in die richtige Richtung gelenkt hat.

Das kann Dir viel Energie einsparen und Du musst nicht soviel Umwege bzw. steinige Wege gehen. Es
- 57 -
gibt auch bestimmt Vorbilder in Deiner Umgebung, mache Dir mal genaue Gedanken. Diese Personen kannst Du ja dann nach ihren Erfolgsgeheimnissen fragen.

Mit dieser Übung sollst Du auch Deinem Gehirn Signale geben, die klare Muster von Zielen und Erfolgen geben. Ziele sind wie Magneten, je eindeutiger sie sind, desto stärker ziehen sie Dich an.

Suche jetzt nochmal in der Vergangenheit einen Punkt wo Du schon sehr erfolgreich warst. Und schließe jetzt noch mal die Augen, und lasse Dir von diesem Ereignis ein sehr helles Bild machen. Jetzt lasse es so hell erstrahlen, das Du wieder alle Emotionen fühlst. Denke jetzt an die Ziele die Du aufgeschrieben hast, und jetzt stelle Dir vor wie Du schon alle erreicht hast. Jetzt hast Du ja das Bild von Deinem größten Erfolg oben links oder rechts, und jetzt bringe das Bild Deines neuen Erfolgs auf die gleiche Höhe, und lasse es genauso strahlen. Achte jetzt genau darauf wie Du Dich fühlst, wenn Du es in allen Farben schimmern siehst. Jetzt wirst Du ein unbeschreibliches Gefühl haben, und mit dem Gefühl kannst Du Bäume ausreißen!

Wenn Du Probleme damit hast verwende die Sharky-Technik, und gehe vor wie wir es besprochen haben. Zerstöre die fehlerhaften Bilder, die Dir noch einen Misserfolg vorspielen. Wichtig ist das Du die Übung immer wieder wiederholst!

Zu 11. Es ist gut verschiedene Ziele zu haben! Doch besser ist es zu wissen, wie der Tag wäre an dem sich alle Ziele erfüllt haben:

- Wie würde der Tag aussehen?

- Welche Menschen wären beteiligt?
- Was würdest Du tun?
- Wo wärst Du?
- Spiele den Tag von Anfang bis Ende durch!
- Wie sind Deine Lebensumstände?
- Mit welchem Gefühl gehst Du abends ins Bett?

Nehme Dir jetzt ein Blatt Papier und schreibe es in allen Details auf. Mir gefällt besonders das zu Bett gehen, da sind meine Phantasien mit mir durch gegangen.

Zu 12. Wir vergessen manchmal das der erste Schritt Richtung Erfolg bereits die Atmosphäre schafft, die unsere Kreativität nährt, die uns hilft, all das zu sein, was wir sein können. Visualisiere die Wünsche und die Umgebung. Lasse Deine Gedanken richtig schweifen, und tobe Dich mit aller Ver-rücktheit aus! Denke jetzt wie ein König oder Königin. Entwerfe alles in Deinen Gedanken, wie ein Architekt sein Bauwerk erschafft!
Schreibe dann alles auf – wie Du es Dir wünscht!!!

Denke daran Dein Gehirn braucht klare Signale!

Die Punkt die ich Dir alle mitgegeben habe, sind die wichtigsten Schritte zu Deinen Zielen und Wünschen.
Wie kannst Du ein Ziel erreichen, wenn Du nicht weißt wie es aussieht?!

Wenn Du aus den Kapiteln was gelernt hast: Resultate sind unvermeidbar! Wenn Du Dein Gehirn nicht mit Resultaten programmierst, wie sollst Du die dann erreichen? Wenn Du nicht einen Plan hast, wird Dich jemand anders zum Teil seines Plans machen.
Wenn Du bis jetzt das Kapitel nur gelesen hast, dann war das vergeudete Zeit! Es ist absolut wichtig diese Übungen auch schriftlich durch zu führen. Je länger Du Dich damit beschäftigst um so mehr Spaß wirst Du daran haben.
Warum schaffen es so viele Menschen nicht?
Weil Erfolg viel Arbeit voraussetzt. Gute Vorbereitung, Zielbestimmung und Visionen ist harte Arbeit. Nehme Deine ganze Power und führe alles gewissenhaft aus.

Kapitel 15: 2 Erfolgsfaktoren sind entscheidend: „Disziplin & TUN!"

Es ist wichtig das Du immer mal die Ziele wieder überprüfst, und Dir selber Feedback gibst. Nützlich ist auch ein Tagebuch zu führen, in dem Du siehst wie weit Du mit Deinen Erfolgen bist. Dann siehst Du auch gleich wo Du noch nachlegen musst und wo Du schon auf dem Weg bist!
Wenn Dein Leben lebenswert ist, dann ist es auch Wert es auf zu zeichnen.
Wird das alles funktionieren? Darauf gehe ich jede Wette ein. Vor ein paar Jahren habe ich mich hingesetzt und meinen idealen Tag und Umgebung geplant. In der Zeit sind wunderbare Dinge geschehen, und ich bin nicht mehr weit weg von dem idealen Tag!
Ab dem 15.01.12 habe ich ein Büro in Düsseldorf in einem Schloss, das macht mich sehr STOLZ! Das wäre vor Jahren noch unvorstellbar gewesen.

Wir können alle in jedem Augenblick unser Leben verbessern. Die Verwirklichung Deiner kühnsten Träume haben alle mit alltäglichen Dingen begonnen. Beginne schon heute mit den Handlungen für Deine wichtigsten Ziele, und Du bist auf einem Weg mit Quantensprüngen!
Im Leben hat alles mit Kommunikation zu tun, und je präziser wir es ausformulieren, desto effektiver sind wir.

Kapitel 16: Präzision in Deinem Volltreffer-Leben

Erinnere Dich mal an eine Gelegenheit an dem etwas auf Dich großen Eindruck gemacht hat!
Wie z.B. Martin Luther King: „Ich hatte einen Traum!"
Vielleicht aber auch die Worte eines Elternteils oder eines Lehrers. Es sind die Augenblicke in dem jemand etwas gesagt hat, dass bei uns für immer im
Gedächtnis geblieben ist.

„Worte sind die mächtigsten Drogen, deren sich ein Mensch bedient!" - Rudyard Kipling

Wenn man ein Erfolgstool ganz besonders raus stellen will, dann ist das: „Die präzise Kommunikation!"

Was ist wichtig im Leben schnell an Informationen ran zu kommen, und z.B. Top-Manager haben geniale Kommunikationsmuster um an diese zu kommen. Dabei benutzen sie präzise Schlüsselwörter, um schneller an das Ziel zu kommen. Deshalb frage Du so intelligent wie Du kannst, dann sparst Du Dir Zeit und Nerven. Wenn Du sehr gute Ergebnisse haben willst, dann frage Profis und Könner. Denn präzise Fragen geben Dir den Vorsprung zu anderen. Denn die Masse verlässt sich auf Stammtischparolen, und nicht auf die Meinung von Profis. Was für ein Ergebnis oder Resultat denkst Du bekommt die Person dann? Das ist nur verlorene Zeit, die wir uns mit Mist beschäftigen!
Tue etwas für den Profi und Könner, den Du was fragen willst oder bezahle ihn anständig. Weiterhin solltest Du, wenn Du einen Geldgeber suchst, auch Werte schaffen. Diese Werte brauchen sich ja nicht gleich auszahlen, das reicht ja noch während einer bestimmten Zeit.
Wenn Du nicht völlig von einer Sache überzeugt bist, wie willst Du dann jemand anderen überzeugen? Bei der präzisen Kommunikation sowieso unverzichtbar!

Jetzt kommt der ganz entscheidende Punkt, was viele falsch machen, sie fragen ein- oder zweimal danach, und dann hören die auf! Du musst solange danach fragen bis Du es bekommst → hier zählt auch Ausdauer, Disziplin und Hartnäckigkeit! Hier gibt es das bekannte Präzisionsmodell, mit dem Du Fluff und Floskeln umgehst, um direkt zum Ziel zu kommen -

Kapitel 17: Präzisionsmodell

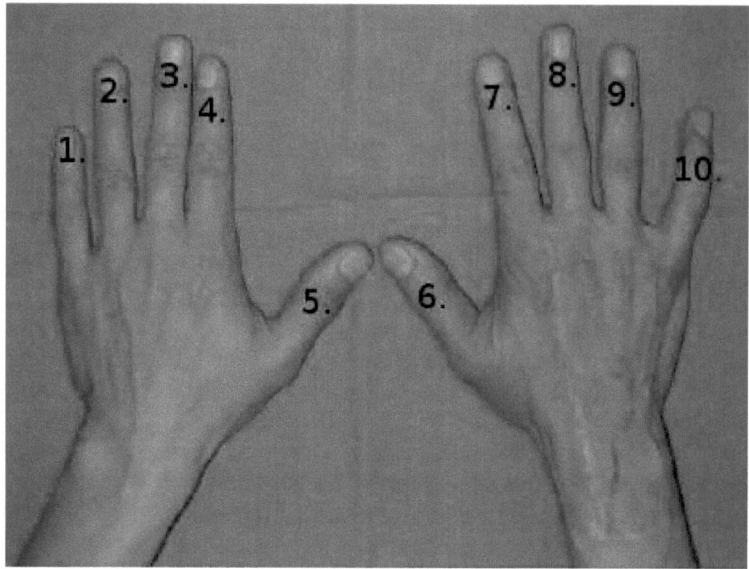

1. Alles? Jeder? Jede? Jedes? Nie?
2. Was würde geschehen, wenn Sie es täten? Was verursacht es? Was verhindert es?
3. Wie genau?
4. Wer oder was genau?
5. Im Vergleich wozu?
6. Zuviel – zu viele – zu teuer
7. Substantive
8. Verben
9. Sollte – Sollte nicht – Muss – Kann nicht
10. Universalbegriffe

Nehme Dir ein paar Minuten Zeit um Dir die Finger ein zu prägen.
Halte Deine Hände einzeln links nach oben, dann kannst Du sie Dir besser einprägen.
Wenn Du Dir die Finger eingeprägt hast, möchte ich Dir jetzt die Bedeutungen dafür nennen.

Dies ist ein Liste der gefährlichsten sprachlichen Irrwege, die die Menschen sehr oft verwenden. Dieses Modell wird Dir zeigen wie Du diese Muster sofort erkennst und umgehen kannst.

Fangen wir mit dem kleinen Finger an der rechten Hand an: Universalbegriffe!

Diese Worte sind akzeptabel, wenn sie wahr sind. Das wäre z.B.: „Jeder Mensch benötigt Sauerstoff!" oder: „Alle Lehrer in der Schule meines Sohnes haben studiert!", denn so geben sie Tatsachen wieder. Doch werden sie häufig als Fluff und Nebelbänke verwendet, wie: „Heutzutage haben die Kinder keine Manieren mehr!" oder: „Ich weiß nicht für was ich die Leute eigentlich bezahle. Die machen eh immer alles falsch!" So werden einfach pauschale Stammtischparolen daraus, ohne konkret zu werden. Vielleicht haben manche Kinder keine Manieren oder manche Angestellte verrichten ihre Arbeit nicht richtig und sind inkompetent. Wenn Du das nächste Mal solche Verallgemeinerungen hörst, verwende einfach das Präzisionsmodell. Wiederhole die Aussage und betone den Universalbegriff.
„Haben alle Kinder schlechte Manieren?", dann bekommst Du die Antwort: „Alle – nein ich glaube nicht, nur eben ganz bestimmte Kinder!" „Arbeiten Ihre Angestellten nie? Niemals!" „Na ja ich glaube das stimmt nicht ganz. Dieser eine Kollege hat Mist gebaut, aber ich kann nicht sagen, dass das auf allen anderen auch zutrifft!"

Und nun lege beide Ringfinger aneinander und untersuche die einschränkenden Worte: „Sollte – Sollte nicht – Muss – Kann nicht!"

Wenn jemand sagt, dass er etwas nicht tun kann, welches Signal sendet er dann an sein Gehirn? Ein einschränkendes, das dafür sorgt, dass er es tatsächlich nicht tun kann. Wenn Du jemanden frägst, warum er dies und da nicht tun kann oder warum er etwas tun muss, was er nicht tun will, dann ist er gewöhnlich nicht um eine Antwort verlegen. Um diesen Kreis zu sprengen, kannst Du ihn fragen: „Was würde geschehen, wenn Sie fähig wären, es zu tun?"
Diese Frage schafft die Möglichkeit, die der Betreffende nicht gesehen hat und die ihn dazu bringt, die positiven und negativen Nebenwirkungen dieser Tätigkeit in Betracht zu ziehen.
Das gleiche Verfahren lässt sich auch für Deinen inneren Dialog anwenden. Wenn Du zu Dir selbst sagst: „Ich kann das nicht!",

könntest Du Dich fragen: „Was würde passieren, wenn ich könnte?"
Die Antwort darauf wäre eine Liste positiver und produktiver Verhaltensweisen und Gefühle. Dadurch würden neue Repräsentationen von Möglichkeiten geschaffen, und somit neue Zustände, neue Verhaltensmöglichkeiten und neue Resultate. Allein, indem Du Dich diese Frage stellst, änderst Du Deine Physiologie und Dein Denken, und es wird Dir plötzlich möglich erscheinen.
Außerdem könntest Du fragen: „Was hindert mich daran, es jetzt zu tun?", und sich dadurch Klarheit verschaffen, was genau geändert werden muss.
Kommen wir jetzt zum Mittelfinger, und frage Du: „Wie genau?" Du erinnerst Dich das Gehirn braucht genaue Signale, um effektiv zu arbeiten. Fluff lähmt das Gehirn. Wenn jemand sagt: „Ich bin so deprimiert", dann beschreibt er damit nur einen ressourcearmen Zustand. Er sagt nichts Genaues. Er gibt Dir keine Informationen, mit denen Du sinnvoll arbeiten könntest. Verändere Du diesen Zustand, indem Du den Fluff auseinander pflückst. Wenn jemand sagt, er sei deprimiert, könntest Du fragen, wie genau er deprimiert ist und genau veranlasst sich so zu fühlen.
Wenn Du die Person dazu gebracht hast, musst Du ihn zu einem anderen Teil des Präzisionsmodell übergehen. Wenn Du ihn genauer aufforderst sagt er möglicherweise: „Ich bin deprimiert, weil ich an meinem Arbeitsplatz immer alles falsch mache." Wie lautet jetzt die nächste Frage? Stimmt diese Verallgemeinerung? Sehr wahrscheinlich nicht! Du könntest jetzt fragen: „Sie machen bei Ihrer Arbeit immer alles falsch?"
Höchstwahrscheinlich lautet seine Antwort: „Nein, natürlich nicht alles." Indem Du jetzt den Fluff durchstoßen hast, gewinnst Du noch präzisere Informationen, so bist Du auf dem Weg die Probleme zu identifizieren und sinnvoll sich damit auseinanderzusetzen. In der Regel findest Du heraus das jemand was geringfügig falsch gemacht hat, aber nicht das Symbol des totalen Versagens, das eh nur in seinem Kopf existiert.
Legen nun Deine Zeigefinger aneinander, die die Substantive repräsentieren und frage: „Wer oder was genau?" Wenn Du auf allgemeine Aussagen mit Substantiven stößt, wo es um Menschen, Orte und Dinge geht. Dann musst Du mit der Frage reagieren: „Wer oder was genau?" Das ist genau das Gleiche das Du auch schon mit den Verben gemacht hast! Du kommst von dem spezifischen Fluff zu einem wirklichen Ereignis über. Mit den diffusen Verallgemeinerungen kannst Du nichts anfangen, die nur im Kopf

einer Person existiert. Mit einem konkreten Ereignis kannst Du dagegen sehr wohl was anfangen. Wie oft hast Du schon jemanden sagen hören: „Sie verstehen mich nicht." oder „Sie wollen mir keine faire Chance geben." Wer genau sind „SIE" eigentlich? Wenn es sich um eine große Organisation handelt, dann gibt es doch wahrscheinlich eine Person, die Entscheidungen trifft. Anstatt sich also lange mit dem Vagen und Verallgemeinernden SIE aufzuhalten, muss eine Möglichkeit gefunden werden, mit der konkreten Person in einer konkreten Situation umzugehen, die die Entscheidungen trifft. Wenn Du das Unspezifische, namenlose „SIE" zulässt, wirst Du nicht weiterkommen. Solange Du nicht weißt, wer „SIE" sind, fühlst Du Dich hilflos und unfähig, die Situation zu verändern. Wenn Du Dich aber auf spezifische Fakten konzentrierst, kannst Du die Situation wieder in den Griff bekommen.

Wenn jemand sagt das Dein Plan nicht funktioniert, dann musst Du herausfinden, woran die Schwierigkeit liegt. Meistens geht es nur um einen kleinen Teil des Plans. Wenn Du genau das Problem herausfindest, kannst Du es so zu sagen an der Wurzel behandeln, wie ein guter Zahnarzt. Durch die Verbesserung machst Du Deine Landkarte genauer, und dann kommst Du Deinem Ziel näher.

Lege jetzt Deine Daumen aneinander: „Zuviel, zu viele, zu teuer!" Dann sagst Du: „Im Vergleich wozu?" Das zu teuer ist ja nur eine willkürliche Aussage, die man in keine Beziehung setzt. Diese Generalisierungen hast Du jetzt mit dem Präzisionsmodell gut im Griff, und kannst wie ein Zahnarzt die Sache an der Wurzel behandeln. Du musst den Wert den Du gibst noch mehr in den Vordergrund bringen. Dann ist der Preis ja egal, da Du einen riesigen Nutzen bringst. Du merkst das das Präzisionsmodell ein MUSS ist, und Dir einen Vorsprung gegenüber jeden gibt!

Bei meinen Seminaren kommt auch öfters der Satz: „Ihr Seminar ist mir zu teuer!", dann frage ich: „Im Vergleich wozu?", die Person erwidert: „Naja im Vergleich zu den Seminaren die ich besucht habe." Dann frage ich zurück: „Wie ist dieses Seminar mit meinem zu vergleichen?", nun sagt er: „Es ist eigentlich nicht zu vergleichen!", jetzt ist der Ball auf dem Elfmeter: „Das ist ja interessant. Was wäre, wenn sie das Gefühl hätten, mein Seminar wäre sein Preis WERT?" Die Atmung der Person verändert sich:

„Ich weiß nicht …? Ich hätte vermutlich ein gutes Gefühl …!" Nun sage ich: „Was genau müsste ich tun, um ihnen dieses Gefühl zu geben?", die Person erwiderte: „Also, wenn sie sich ein bisschen

mehr mit diesen oder jenem Thema beschäftigen würden, dann wäre ich zufrieden."
Jetzt kommt der Abschluss: „In Ordnung. Wenn ich mehr Zeit auf dieses Thema verwenden würde, hätten sie dann das Gefühl, dass das Seminar ihr Geld und ihre Zeit wert sei?"

Nun nickte er mir zustimmend zu!

Wir haben seinen HOT BUTTON getroffen, und er hat alle unsichtbaren Widerstände selber abgebaut!
Konzentriere Dich in den nächsten Tage auf die Sprache, die andere Menschen benutzen.
Vermeide auch die Wörter wie gut, schlecht, besser und schlechter, das sind solche die Bewertungen wieder geben. Wenn Du z.B. Sätze wie: „Das ist eine schlechte Idee." oder „Es ist gut, den Teller leer zu essen.", dann kannst Du darauf fragen: „Wer sagt das?" oder „Woher wissen sie das?". Manchmal wird in Aussagen ein Ursache-Wirkungszusammenhang aufgestellt, z.B.: „Seine Bemerkungen haben mich verrückt gemacht." oder „Ihre Beobachtungen haben mich zum Nachdenken gebracht." Wenn Du so etwas hörst ist es angebracht zu fragen: „Wie genau hat X zu Y geführt?, und Du wirst Dich als Kommunikator und als Modellierer enorm verbessern können.
Ein großes Thema in unserer Gesellschaft ist das Gedankenlesen. Wenn jemand sagt: „Ich weiß einfach, dass er mich liebt!" oder „Du denkst, ich glaube Dir nicht.", dann musst Du fragen: „Woher weißt Du das?".
Das letzte Muster das Du kennenlernen solltest, ist etwas komplizierter, was ein wichtiger Grund ist es wahr zu nehmen. Was haben Worte wie Aufmerksamkeit, Behauptung und Ursache gemeinsam? Es sind Substantive, richtig. Doch wir können sie nicht in unserer äußeren Umgebung antreffen. Hast Du je eine Aufmerksamkeit gesehen? Das ist keine Person, kein Ort und auch keine Sache. Das kommt daher, das dieses Wort ursprünglich als Verb benutzt wurde, das den Prozess des aufmerksam Seins beschreibt. Nominalisierungen sind Worte, die ihren spezifischen Bezug verloren haben. Diese müssen erst in einen Prozess zurückverwandelt werden. Wenn jemand sagt: „Ich möchte meine Erfahrungen verändern.", dann muss man ihn fragen: „Was wollen sie erfahren?". Wenn er sagt: „Ich will Liebe", dann könntest Du fragen: „Wie möchten sie lieben?". Gibt es einen Unterschied in der Spezifität zwischen den beiden Formen? Allerdings.

Es gibt noch andere Möglichkeiten, durch Fragen Einfluss auf die Kommunikation zu nehmen. Zum einen durch Fragen nach dem Zielrahmen. Wenn Du jemand frägst, was ihn stört oder was nicht stimmt, wirst Du lange Ausführungen darüber zu hören bekommen. Wenn Du frägst: „Was wollen sie?" oder „Wie wollen sie die Dinge verändern?", dann hast Du die Unterhaltung vom Problem auf die Lösung umgeschwenkt. In jeder Situation, ganz gleich, wie betrüblich die ist, gibt es eine erreichbare, wünschenswerte Lösung. Du solltest es Dir zur Gewohnheit machen, vom Problem fort und auf die Lösung hin zu arbeiten.
Nutze dazu die Zielrahmen-Fragen:

„Was will ich?"

„Was ist das Ziel?"

„Wozu bin ich hier?"

„Was will ich für Dich?"

„Was will ich für mich?"

Ein hilfreiches Verfahren besteht darin, nach dem >WIE< statt nach dem >Warum< zu fragen. Fragen nach dem >Warum< führen zu Gründen, Erklärungen, Rechtfertigungen und Entschuldigungen. In der Regel sind das keine sehr nützlichen Informationen. Frage Dein Kind nicht, warum es Schwierigkeiten im Rechnen hat. Frage nach dem was es braucht, um besser rechnen zu können. Frage einen Kollegen, welche Veränderungen nötig sind, um die Herausforderung das nächste Mal zu meistern. Gute Kommunikatoren wollen nicht wissen, >warum< etwas nicht geklappt hat. Diese wollen herausfinden, wie man es gut machen kann. Die richtigen Fragen werden Dich in die richtige Richtung führen.

Jedes Gespräch mit jemand anderem sollte ein Zweck erfüllen und ein Ziel haben. Du solltest Dich mit Feedback auseinandersetzen, und nicht mit Misserfolg. Wenn Du ein Puzzle macht, und Dir fehlt ein Teil, wirst Du dies auch nicht als Rückschlag deuten, sondern das Dir nur noch ein Teil zum Erfolg fehlt. Frage ab jetzt richtig und zielführend, und wende das Präzisionsmodell erfolgreich an!

Kapitel 18: Rapport nutzen in Deinem Volltreffer-Leben

Erinnerst Du Dich an eine Zeit in Deinem Leben, wo Du mit einem anderen Menschen im völligen Einklang warst?
Versetze Dich in die Zeit zurück und versuche Dich zu erinnern, was hat dieser Mensch dazu gebracht, sich mit Dir so verbunden zu fühlen?
Vielleicht hattest Du das Gefühl das Gleiche zu denken oder bei einem bestimmten Buch oder Film das Gleiche gefühlt zu haben. Möglicherweise hattest Du den gleichen Sprach- oder Atemrhythmus. Es könnten auch die gleichen Ansichten und Glaubensmuster sein. Egal was es war – es war der Ausdruck des gleichen grundlegenden Merkmals – des Rapports.
Unter Rapport versteht man die Fähigkeit, die Welt eines anderen zu betreten, ihm das Gefühl zu geben, dass er verstanden wird und eine Verbindung zwischen ihnen besteht. Es ist die Fähigkeit, vollständig von ihrer Landkarte der Welt zu der eines anderen überzugehen. Es ist das Salz in der Suppe der Kommunikation. Rapport ist das beste Mittel, um mit anderen zu Ergebnissen zu kommen. Du weißt ja das andere Menschen Deine wichtigste Ressource ist. Rapport ist der Weg, um diese Ressource zu nutzen.

Der Rapport ist der Schlüssel zu Deinen Zielen!

Dies ist eine Macht um ein guter Redner, ein guter Verkäufer, eine gute Mutter, ein guter Vater, ein guter Freund oder ein guter Politiker zu sein, musst Du Rapport herstellen können. Wir müssen in der Lage sein, eine starke gegenseitige Verbindung und Kooperationsbereitschaft herzustellen.
Viele Menschen machen sich das Leben sehr schwer. Es muss nicht sein. Alles was Du in dem Buch lernst, sind genaugenommen nur Wege, um den Rapport zu anderen zu verbessern, denn dadurch wird fast jede Aufgabe leichter, einfacher und angenehmer. Ganz gleich, was Du tust, sehen, schaffen, bewirken oder erleben willst, ganz gleich, ob es sich um Deinen Glauben handelt oder darum eine Million Euro zu verdienen – es gibt immer jemanden, der Dir helfen kann, Dein Ziel schneller und leichter zu erreichen. Es gibt immer jemanden, der weiß, wie Du schneller und effektiver an Dein Ziel gelangst, oder der etwas tun kann, um Dir zu helfen, es schneller zu erreichen. Um ihn dafür zu gewinnen, musst Du zuerst den Rapport herstellen, ein Gefühl der Verbundenheit, das Sie zu Partnern macht.

Soll ich Dir das schlimmste Klischee verraten:
„Gegensätze ziehen sich an!"
Wie bei den meisten Unwahrheiten, steckt auch in diesem Klischee ein Körnchen Wahrheit. Wenn es zwischen 2 Menschen viel Gemeinsamkeiten gibt, wird durch den Unterschied ein zusätzlicher Reiz geschaffen. Doch zu wem fühlst Du Dich grundsätzlich hingezogen? Mit wem verbringst Du gerne Deine Zeit? Du suchst Dir auch nicht jemand, der wenn Du losziehen möchtest – gerne schlafen will! Du möchtest mit Leuten zusammen sein, die wie Du einzigartig sind.
Menschen, die sich ähnlich sind neigen dazu einander zu mögen. Werden Clubs auf Grundlage von Gegensätzen gegründet? Genauso auf einem Kongress finden sich auch Leute ein, die sich vorher noch nicht gekannt haben, doch die was verbindet. Woher kamen die Konflikte bei Schwarzen und Weißen in den Vereinigten Staaten? Wie entstehen die? Die entstehen weil sich Menschen auf den Unterschied konzentrieren, wie die Hautfarbe, die Kultur und die Sitten und Gebräuche. Harmonie entsteht nur durch Gemeinsamkeit! Die Geschichte der Menschen ist voller Beispiele dafür. Das trifft auf globaler, wie auch auf persönlicher Ebene zu.
Denke doch mal eine Person die Du sehr gerne magst, was hat diese Person für Gemeinsamkeiten mit Dir? Ist die Person deswegen so anziehend für Dich?
Die Person hat viele Werte die Du auch hast, und deswegen seid ihr so gerne zusammen!
Wie sieht es im Gegenteil aus:
Wie denkst Du über einen Menschen der keine Gemeinsamkeiten mit Dir hat: „Großer Gott, was für ein schrecklicher Mensch – er denkt ganz genauso wie ich?"
Sind wir alle jetzt in einem Teufelskreis gefangen?
Zum Glück nicht, wo es Unterschiede gibt – gibt es auch Gemeinsamkeiten.

Wichtig ist das Du Deine Landkarte in die Landkarte des anderen übersetzt.

Wie stellen wir jetzt Rapport her? Indem wir Gemeinsamkeiten schaffen oder entdecken. In der NLP-Sprache nennen wir das >Spiegeln< (mirroring) oder >Angleichen< (matching). Es gibt viele Möglichkeiten, Gemeinsamkeiten mit den anderen herzustellen, und so den erwünschten Rapport zu schaffen. Du könntest zum Beispiel

Vorlieben spiegeln – durch ähnliche Erfahrungen, den gleichen Stil der Kleidung oder dasselbe Hobby. Du kannst ähnliche Interessen spiegeln – zum Beispiel, dieselben Freunde oder Bekannten haben. Du kannst einen Glauben spiegeln. Das alles geschieht ohnehin ständig, wenn wir Freundschaften und Beziehungen eingehen. Alle haben den gleichen Ausgangspunkt: Durch Kommunikation und bestimmte Worte.

Der Tonfall spielt da eine wichtige Rolle. Doch die Körpersprache und die Physiologie machen den weitaus wichtigeren Teil aus! Der Gesichtsausdruck, die Gesten und Bewegungen einer Person sagen uns viel mehr als ihre Worte selbst.
Wenn Du aber nur versuchst durch den Inhalt der Unterhaltung Rapport herzustellen, dann lässt Du die wirksamsten Möglichkeiten aus, die Dir zur Verfügung stehen.

Milton Erickson, der großartige Hypnotherapeut, hat mit seiner Physiologie das immer getan. Er hat mit dem Atemrhythmus, der Körperhaltung, dem Tonfall und den Gesten innerhalb weniger Minuten Rapport zu jeder Person hergestellt. Menschen die ihn erst kurz kennengelernt haben, fasten sofort dadurch Vertrauen zu ihm. Das Ganze ist ein enormes Training, und man kann das nicht von heute auf morgen!

Während Worte auf das Bewusstsein eines Menschen einwirken, wirkt die Physiologie auf sein Unterbewusstes ein. Das Gehirn registriert: Dieser Mensch ist wie ich! Er muss in Ordnung sein. Sobald das geschieht, entsteht eine sehr starke Verbindung. Dadurch das es unterbewusst geschieht, ist es um so wirksamer. Du nimmst nichts anderes wahr, als dass eine Beziehung entstanden ist.

Gehe Du folgendermaßen vor:

1. Stimme
2. Tonfall
3. Phrasierung
4. Stimmlage
5. Sprechgeschwindigkeit
6. Art der Unterbrechungen
7. Lautstärke
8. Lieblingswörter oder -ausdrücke
9. Körperhaltung
10. Atemrhythmus
11. Körpersprache
12. Gesichtsausdruck
13. Gesten
14. Andere Wahrnehmungsmerkmale
15. Physiologie
16. Fußstellung
17. Neigung des Kopfes

...das sieht jetzt im ersten Moment absurd für Dich aus. Doch wenn Du so akribisch vor gehst, dann meint der andere Du kannst seine Gedanken lesen!

Trainiere täglich mit jedem Menschen mit dem Du in Kontakt kommst, und irgendwann ist es eine Gewohnheit für Dich.

<u>Spiegeln setzt 2 Fertigkeiten voraus</u>: Genaue Beobachtung und persönliche Flexibilität.

Wenn Verhalten und Physiologie durch zufällige Faktoren bestimmt wären, dann würde man mühsam jeden einzelnen Hinweis verfolgen und sie dann, wie ein Puzzle, zusammenfügen müssen.

Kapitel 19: Einfach tun-Metaprogramme

*„Im richtigen Ton kann man alles sagen.
Im falschen Ton nichts: Das einzig Heikle
daran ist, den richtigen Ton zu finden."*

- George Bernhard Shaw

Du hast bestimmt schon mal festgestellt wie viel verschiedene Reaktionen eine Gruppe von Menschen zu einem bestimmten Ereignis haben. Einer in der Gruppe ist von dem Ereignis erschreckt, ein andere völlig gelangweilt. Du erzählst einen Witz: Einer lacht sich fast Tod und der andere verzieht keine Miene.
Warum reagieren Menschen so verschieden?
Warum sieht der eine das Glas als halbleer und der andere als halbvoll?
Warum hört einer etwas und ist davon motiviert, und der andere überhaupt nicht darauf reagiert?

George Bernhard Shaw hat völlig recht.

Wenn Du jemand auf die richtige Weise anredest, kannst Du alles erreichen. Redest Du Ihn falsch an, kannst Du nichts erreichen. Dieser Zusammenhang ist nicht nur wichtig, um persönliche Ziele zu erreichen, er spielt eine wesentliche Rolle bei allen Aufgaben, die wir gemeinsam lösen müssen.

Der richtige Ton macht die Musik!

Die Metaprogramme sind der Schlüssel zu der Informationsverarbeitung einer Person. Unser Gehirn verarbeitet Informationen ähnlich wie ein Computer – es nimmt phantastische Mengen an Daten auf und ordnet sie so an, dass es für uns einen Sinn ergeben. Ein Computer kann nichts tun, wenn er kein Programm geladen hat, das die Struktur für die Lösung einer bestimmten Aufgabe vorgibt. Es ist absolut wichtig worauf Du Deine Aufmerksamkeit richtest. Weiterhin wichtig wie wir unsere Erfahrungen verarbeiten und wir unser Verhalten steuern. Das ist die Grundlage ob wir etwas interessant oder langweilig finden, und einen potentiellen Gewinn oder eine potentielle Bedrohung darstellt. Nur wenn Du die geistigen Muster Deines Gegenübers weißt, kannst Du Deine Botschaft vermitteln – egal ob es um einen

Verkauf oder um Liebe geht.

Das erste Metaprogramm bezieht sich darauf, ob das Verhalten >auf etwas zu< oder >von etwas fort< erfolgt.

Jedes menschliche Verhalten zielt darauf ab. Lust zu erleben und Schmerzen zu vermeiden. Du ziehst Deine Hand von einem brennenden Streichholz zurück, um den Schmerz der Verbrennung zu vermeiden. Du beobachtest einen schönen Sonnenuntergang, weil Dir das Schauspiels des Übergangs von Tag zur Nacht Freude bereitet.
Um sich da jetzt zurecht zu finden sind Fragen wichtig, die Dir bei der Analyse behilflich sind.

Die 1. Frage ist:
„Was ist ihnen wichtig in einer Beziehung zu einem Haus, Auto, Job u.s.w.?"

Du fragst Dich: „Was kann ich jetzt mit dieser Frage anfangen?"
VIEL...

Wenn Du ein Geschäftsmann sind und ein Produkt verkaufen, dann kannst Du Dein Produkt auf 2 Weisen vermarkten: Du kannst ihn hervorheben, z.B. welche Vorteile hat es oder welche Nachteile hat es nicht. Du kannst Autos verkaufen und darauf hinweisen, wie schnell und rassig sie sind. Oder Du kannst darauf hinweisen wie wenig Benzin das Auto verbraucht, wie wenig Kosten es verursacht und wie viel Sicherheit es bei Unfällen bietet. Wenn Du die falschen Metaprogramme verwendest, hättest Du gleich zu Hause bleiben können. Du versuchst den Kunden zu etwas zu zu bewegen, und er sucht eigentlich nur Schutz.
Ein Auto kann die gleiche Strecke vorwärts und rückwärts fahren. Das hängt allein davon ab, in welcher Richtung das Auto steht. Das trifft auch in unseren persönlichen Bereich zu. Nehmen wir an Du möchtest, dass Dein Kind mehr Klavierspielen soll, damit es besser und besser wird. Du könntest sagen: „Du solltest mehr Klavierspielen, damit Du bei Deinem Konzert fehlerfrei spielst" oder „Sehe Peter an, der hat nie geübt, und ist heute Straßenmusiker. Willst Du das?" Wird diese Strategie funktionieren? Das hängt von dem Kind ab. Wenn es vorwiegend motiviert ist, Unangenehmes zu vermeiden, dann könnte es klappen. Aber was geschieht, wenn es sich lieber auf positive Dinger zubewegt? Was, wenn es eher durch

aufregende und abenteuerliche Dinge motiviert wird, auf die es zugeht, weil es sie anziehend findet? Wenn es so ist, wirst Du dadurch nichts ändern, indem Du es versuchst mit Beispielen von etwas abzuschrecken. Du kannst auf das Kind einreden wie Du willst, Du wirst nichts erreichen! Es ist als wenn Du eine andere Sprache sprichst. Du wirfst so Deine Zeit weg. Das Kind wird zusätzlich noch trotzig und wütend, und wird auf stur stellen. Klüger wäre zu dem Kind zu sagen: „Wenn Du Klavier spielst, kannst Du Dir nachher die tollsten Auftrittsorte aussuchen. Du wirst Menschen mit Deiner Musik verzaubern!"

Das zweite Metaprogramm beschäftigt sich mit inneren und äußeren Bezugsrahmen

Frage jemanden, woran er merkt, dass er eine gute Arbeit leistet?
Manche Menschen brauchen äußere Beweise, um sich ihrer Sache sicher zu sein. Der Chef klopft Dir auf die Schulter und sagt, dass Du etwas gut gemacht hast. Oder Du bekommst einen Gehaltserhöhung oder einen anderen Bonus. Deine Arbeit findet Anerkennung bei Deinem Umfeld bzw. bei den Kollegen. Nun weißt Du das Du eine gute Arbeit abgeliefert hast. Das ist eine Orientierung an dem äußeren Bezugsrahmen.
Für andere kommt der Beweis von innen. Du fühlst es einfach, wenn Du etwas sehr gut gemacht hast.
Wenn Du ein Musikstück schreibst, Du aber denkst es könnte kein Hit werden, dann wird es auch kein Hit werden. Wenn Du in Deinem Job nach Deinem Gefühl eine gute Arbeit abgeliefert hast, wirst Du Deiner eigenen Einschätzung vertrauen, obwohl Du keine Anerkennung von Chef und Kollegen bekommen hast. Das ist dann ein innerer Bezugsrahmen.
Wenn Du so wie in meinem Fall als Trainer einen Menschen überreden willst ein Seminar zu besuchen, könntest Du sagen: „Du musst unbedingt dieses Seminar besuchen. Es ist gigantisch. Ich war dort, alle meine Freunde waren dort, und es war enorm, wir haben noch tagelang davon geschwärmt. Alle hatten das Gefühl das sich ihr Leben positiv verändert hat." Wenn jetzt der Zuhörer, einen äußeren Bezugsrahmen hat, ist es gut möglich, dass er das Seminar besucht. Wenn soviel überzeugt sind, dann wird es schon so sein.
Aber wenn er nun einen inneren Bezugsrahmen hat, dann wirst Du größte Probleme haben, ihn davon zu überzeugen. Er gibt einfach

nichts auf die Meinung der anderen. Bei dieser Person musst Du Dinge einbeziehen. Du solltest z.b. sagen: „Erinnerst Du Dich an die Seminarreihe, die wir letztes Jahr besucht haben? Du sagtest damals das es einer der besten Seminare war die Du besucht hast. Also ich weiß das es genauso gut ist, ich glaube wenn Du es ausprobieren würdest, Du würdest nochmal so tolle Erfahrungen machen." Meinst Du das funktioniert? Natürlich, denn jetzt sprichst Du die gleiche Sprache.

Es ist wichtig zu wissen, dass alle Metaprogramme in ihrer Wirkung kontext- und stressabhängig sind. Wenn Du etwas schon 10 Jahre machst, wirst Du wahrscheinlich einen starken inneren Bezug haben. Wenn Du aber Sachen aber neu beginnst, hast Du wahrscheinlich keinen starken inneren Bezugsrahmen. Man entwickelt mit der Zeit gewissen Vorlieben und Muster. Doch wenn Du Rechtshänder bist, wirst Du in bestimmten Situationen die linke Hand benutzen. Genauso ist es mit den Metaprogrammen. Du bist nicht auf eines festgelegt. Du kannst sie variieren und wechseln, so wie ein Chamäleon die Farbe.
Eine wirklich starke Führungspersönlichkeit muss einen starken inneren Bezugsrahmen haben. Er könnte sich nicht lange halten, wenn er immer andere fragen müsste, was sie denken, bevor er handelt. Man muss einen guten Mittelweg finden, es gibt nur wenige Menschen die sich an die Metaprogramme strikt halten. Eine gute Führungskraft muss auch Informationen von außen aufnehmen können. Tut sie das nicht, kann sie leicht dem Größenwahn verfallen.

Das dritte Metaprogramm bezieht sich darauf, ob man vornehmlich eigene oder die Bedürfnisse anderer wahrnimmt

Manche Menschen beurteilen Beziehungen daran, was sie selbst davon haben, manche danach, was sie für andere tun können. Natürlich verfällt man nicht immer in das eine oder andere Extrem. Wenn Du immer nur auf Dich bezogen bist, wirst Du irgendwann zum rücksichtslosen Egoisten. Wenn Du immer nur auf andere bezogen bist, dann wirst Du möglicherweise zum Märtyrer.

Stelle Dir doch mal vor Du musst neue Leute in Deiner Firma einstellen, wäre dann Dir dann die Metaprogramme ein guter Nutzen?

Natürlich und es würde Dir viel Zeit und Geld sparen, möglicherweise setzt Du dadurch auch die richtige Person an die richtige Stelle.
Du kannst Dir ja vorstellen wie viele Personaler schon dadurch viel Geld in Firmen verbrannt haben? Die sind meistens nicht nur schlecht ausgebildet, sondern die Arbeiten auch später gar nicht mit den Personen zusammen. So dass dort ein Riesenpotential schlummert, wenn man dort die Metaprogramme deuten und anwenden würde. Also wenn Du solche Personen kennst, wäre es für die eine große Hilfe, wenn Du ihnen das Buch empfiehlst. Das richtige Empfehlen ist eine Königsdisziplin im Leben, und jeder kann nur profitieren. Kannst Du Dir vorstellen wie viele Menschen frustriert sind, weil Sie falsch eingesetzt sind? Und die haben dann noch riesige Probleme mit psychischen Krankheiten wie Burnout.
Natürlich wäre es besser, wenn diese Personen alle die Metaprogramme verstehen und anwenden würden.

Das vierte Metaprogramm bezieht sich auf die Wahrnehmung von Ähnlichkeiten und Unterschieden

1. Es gibt Menschen die Suchen nach Übereinstimmungen, das sind >MATCHER<.
2. Es gibt Menschen die Suchen nach Unterschieden, das sind >MISMATCHER<.

Dieses Metaprogramm legt fest, wie Du Informationen auswählst, um z.B. zu lernen oder etwas zu verstehen. Manche Menschen suchen vor allem nach Gemeinsamkeiten. Andere wiederum nach Unterschieden. Um zu bestimmen, ob jemand vornehmlich Übereinstimmungen oder Unterschiede wahrnimmt, kannst Du einfach nach den Beziehungen zwischen beliebigen Objekten oder Ereignissen fragen. Du wirst sofort herausfinden ob sie Übereinstimmungen oder Unterschiede wahrnehmen. Wenn 2 solche Menschen zusammen treffen, werden sich erst mal Wände aufbauen. Jeder will dem anderen zeigen und sagen das er recht hat!
Jeder der so standhaft bei seiner Meinung bleibt, wird sich zu erst mal in seinem Sessel zurücklehnen. Und wenn wir wieder Luft kriegen, wird er uns geschickt mit Realitätsgerede auf den Teppich der Tatsachen zurückholen. Und uns immer wieder mit Fragen, wie: „Tatsächlich?", „Und was ist hiermit?", „Und damit?".
Ist er dann ein Plage für uns? Allerdings ist er das. Und was für

eine. Ist er ein wertvoller Partner für uns? Unbedingt – wir müssen ihn nur zum angemessenen Zeitpunkt in den Planungsprozess einbeziehen. Wir wollen nicht, dass er auf Details herum hackt und uns bei unseren himmelsstürmenden Ideenflügen stört. Seine besser wissende Art müssen wir nur dann nützen, wenn wir diese benötigen. Mit seiner haarspalterischen Art kann er ein Spürhund für Fettnäpfchen sein, mehr aber auch nicht. Deshalb solltest Du ihn verwenden wie ein spezielles Werkzeug.
Ein Vorteil hat das Ganze, es gibt nicht so viele Menschen die nach Unterschieden suchen. Es sind so zu sagen wie ein paar Einhörner unter den Pferden. Für die Vielschichtigkeit der Aspekte, solltest Du das Einhorn nutzen. Für Routinearbeiten sind diese natürlich nicht nützlich, da braucht man einen Übereinstimmer. Diese Menschen können aber auch sehr anstrengend und Energie raubend sein! Deshalb ist es mit den Übereinstimmern einfacher zu arbeiten, und werden in Deinem positiven Leben - zusätzlich brennende Impulse setzen. Trotzdem solltest Du immer einen neuen Fokus suchen, damit das Leben bunt und lebenswert bleibt.
Respektiere diese Menschen, schenke denen Zustimmung und Freundschaft, so bleiben diese am wertvollsten.

Das fünfte Metaprogramm bezieht sich auf die Überzeugungsstrategie, die jemand anwendet

Die Überzeugungsstrategie besteht aus 2 Teilen. Um herauszufinden, auf welche Weise jemand zu überzeugen ist, musst Du zuerst herausfinden, welche Kombination von Sinnesdaten er benötigt, um überzeugt zu werden, und dann ermitteln, wie oft er diese erhalten muss, bevor er überzeugt ist.
- 88 -
Du musst gute Fragen stellen, wie diese: „Woher wissen sie, ob jemand gute Arbeite leistet?" Dann musst Du:

    1. Ihm bei der Arbeit zuschauen
    2. Darüber reden und hören, wie tüchtig er ist
    3. Mit ihm zusammen zu arbeiten
    4. Etwas über seine Tüchtigkeit lesen

Die Kombination der Antworten können Dir einen Schlüssel für das Schloss geben um ihn auf zu schließen.

Weiterhin kommt jetzt die Frage auf, wie oft muss jemand einem zeigen, das er tüchtig? Bevor Du oder jemand anderes davon überzeugt ist. Es gibt folgende Möglichkeiten:

1. Einmal
2. Mehrmals (zweimal und öfter)
3. Über einen längeren Zeitraum hinweg (Wochen, Monate oder Jahre)
4. Immer wieder

Der letzte Fall ist also eine harte Nuss, und man muss diese jedes Mal neu knacken. Wenn Du eine Organisation leitest, müssen die Menschen einen großen Rapport zu Dir haben. Hier ist das Vertrauen enorm wichtig, und gibt Dir auch eine große Stärke. In diesem Fall sind Beziehungen, die sehr feste Strukturen herstellen, unabdingbar.

Weiterhin spielt hier das Thema „Anerkennung" eine große Rolle. Ein paar lobende Worte, öffentliche Unterstützung oder die Übertragung einer Aufgabe. Möglicherweise geht es Dir auch so, und Du brauchst viel Bestätigung von anderen. Durch die Beweise für die gute Beziehung, wird diese noch mehr wachsen.

Wie sieht es bei Dir in persönlichen Beziehungen aus?

Bei manchen Personen musst Du nur einmal die Liebe zeigen, damit diese Person es auch von Herzen her spürt. Das steigert sich bei anderen, denen Du öfters Deine Liebe zeigen und geben musst. Wenn Personen dies auch öfters brauchen, tendieren diese auch zu einer oberflächlichen Lebensweise. Es liegt also an Deiner überzeugenden Art bei anderen Volltreffer zu landen. Jetzt weißt Du das jeder Mensch eine andere Behandlung braucht! Spiele dieses Metaprogramm immer wieder als Film vor Deinem geistigen Auge ab.

Das sechste Metaprogramm bezieht sich auf die Wahrnehmung von Möglichkeiten bzw. Notwendigkeiten

Hier sollst Du Dir die Frage stellen: „Warum hat einer dies und das Auto oder Haus gekauft?" Viele Menschen werden durch die Notwendigkeit motiviert und nicht so sehr durch das, was sie wollen. Sie tun es, weil sie es tun müssen. Sie werden nicht durch ihre Träume und Möglichkeiten bewegt, sondern durch

Konditionierungen, und sie wollen auch keine verschiedenartigen Erfahrungen. Ich würde es mal als einen langweiligen Autopiloten bezeichnen. Diese Personen ziehen los und nehmen das Auto oder den neuen Partner den sie bekommen können.

Weiterhin gibt es Personen die beständig nach Möglichkeiten Ausschau halten. Die sind nicht durch ihre Tat, sondern durch das was sie tun wollen motiviert. Das sind die Menschen, die über den Tellerrand schauen wollen, und immer auf der Suche nach neuen Wegen sind. Er ist immer an der Entwicklung von Dingen interessiert.

Wenn Du jetzt Chef wärst, würdest Du sagen: „Ich nehme den Möglichkeitsdenker!" Denn es ist wichtig immer dem Fortschritt aufgeschlossen zu sein. Das gehen neuer Wege bringt auch wertvolle Erfahrungen!

Doch so einfach ist es leider nicht, es gibt auch Jobs wo die Liebe für das Details sehr wichtig ist. Weiterhin ist des öfteren Ausdauer und Beharrlichkeit gefragt. Deshalb dann nur auf Möglichkeitsdenker zu setzen ist fahrlässig!

Wenn Du jetzt jemanden brauchst der lange für Dich arbeiten soll, und seine spezifischen Fähigkeiten ausspielt, brauchst Du auf jeden Fall einen Notwendigkeitsdenker.

Stelle Dir vor Du willst in einem Bereich expandieren, dann ist hier wieder der Möglichkeitsdenker die beste Wahl.

Bei Kindern werden da in unserer Gesellschaft auch viele Fehler gemacht, vor allem in der Schulzeit! Nehmen wir an Dein Kind ist ein Notwendigkeitsdenker: Dann solltest Du Deinem Kind klar machen, das es gute Noten braucht, damit er z.B. Ingenieur oder Fremdsprachenspezialist wird. Bei einem Kind das auf Möglichkeiten zielt, ist es besser auf zu zeigen, welche Entwicklungsmöglichkeiten ein Job bietet. Zeige Deinem Kind dann das Lernen ein Weg zur Vielseitigkeit ist. Dieses Kind will die Welt erforschen, und immer wieder Entwicklungsstufen drauf setzen. Als nicht bis zur Rente in einem Beruf hängen bleiben!

Das siebte Metaprogramm bestimmt den Arbeitsstil eines Menschen

Jeder hat eine andere Strategie mit der Arbeit, manche sind unglücklich, wenn sie nicht unabhängig sind. Sie haben Probleme von anderen Anweisungen zu bekommen und sich unter zu ordnen. Sie müssen ihr eigener Herr sein.

Wiederum andere brauchen eine Gruppe, an der sie sich anhängen können, und die gegenseitig halt gibt. Das sind Menschen die eine kooperative Strategie haben. Diese Menschen wollen die Verantwortung teilen. Aus der Gruppe stechen dann die Menschen heraus, die zwar in einer Gruppe zusammen arbeiten, doch trotzdem der Leader sein wollen. Diese sind dann zuständig aber nicht allein.

Es ist also ein ewiges abwägen, damit Du eine effektive Strategie mit dem jeweiligen Menschen hast. Es kann brillante Angestellte geben, trotzdem kann er allen auf die Nerven gehen, da er es auf seine Art tun muss. Möglicherweise ist er auch nicht geschaffen als Angestellter zu arbeiten und wäre in

- 92 -

der Selbstständigkeit besser aufgehoben. Er braucht das Sprungbrett der Entfaltung, und lässt sich schlecht in Schemen pressen. So kann er dann wahrscheinlich seine Talente viel besser ausspielen. Wenn er in einem Team arbeitet wird er die anderen wahrscheinlich in den Wahnsinn treiben. Doch als Einzelkämpfer kann er einem Unternehmen auch viel Wert geben.

Kennst Du das Peter-Prinzip?

Bei dem Prinzip wirst Du solange befördert, bis man schließlich an einer Position angekommen ist, für die man nicht geeignet ist.

Was ist passiert?

Da für viele Menschen und Unternehmer die Arbeitsstrategien keine Rolle spielen. Das heißt der Krug geht so lange zum Brunnen bis er bricht. Wenn man an Aufgaben wachsen soll, muss man auch die Talente berücksichtigen. Denn es gibt in den Unternehmen viele Menschen die sich selber nicht führen können. Wie sollen die dann andere Menschen führen. Ein guter Verkäufer ist noch lange keine gute Führungskraft!

Hierfür habe ich noch eine tolle Übung mit wichtigen Fragen:

1. Was erwartest Du von einer Beziehung?
2. Woran merkst Du das Du Erfolg hast?
3. Wie steht das im Kontext was Du jetzt in diesem Monat tust, zu den Monaten zuvor?
4. Wie oft muss Dir jemand etwas beweisen, das Du überzeugt bist?
5. Was ist Dir das Wichtigste daran?
6. Hören Dir die betreffenden Personen aufmerksam zu, während Du die Fragen stellst?

7. Ist er an Deiner Reaktion interessiert oder ist er mit etwas anderem beschäftigt?

Diese Fragen sind so zu sagen Dein Metaprogramm-Erforschungs-System. Wenn Du mal nicht gleich ans Ziel kommst, stelle die Fragen so lange um, bis Du das Metaprogramm deuten kannst. Du musst auch immer auf den Ton achten, den der Ton macht die Musik. Kommst Du zu forsch oder energisch rüber, baut der Gegenüber eine Mauer auf. Du musst auch in der Tonalität sehr flexibel sein, damit Du so zu sagen wie auf einer Tonleiter spielen kannst.

Geht es Dir auch ab und zu so, das man 2 Stunden redet und im Endeffekt kommt nichts Produktives dabei heraus. Da ist man schon fast beim Aufgeben, und plötzlich fällt der Groschen, und wir ändern die Taktik – plötzlich geht es ganz schnell mit dem richtigen Ergebnis! Ist das nicht verrückt?

Wenn Du einen Konsens gefunden hast, werden auch beide ein gutes Bauchgefühl haben. 2 begeisterte Menschen sind 2 Sieger, sonst gehen 2 enttäuschte Verlierer auseinander. Das wollen wir ja nicht! Sehe es für Dich als eines der wichtigsten Erfolgsmosaike die es gibt, und bei mehrfacher Anwendung, wirst Du bei jeder Unterhaltung immer ein gutes Bauchgefühl haben. Es wird schwer sein Dir einen Wunsch ab zu schlagen.

Jetzt siehst Du wie vielschichtig und wichtig die Metaprogramme und Denkprozesse sind.

Versuche aber immer Deine Metaprogramme zu verfeinern, es ist so als wenn Du Dein optimales Fernsehbild immer mit den Antennen nachjustierst. Es gibt jetzt einige für die ist das Bauchgefühl wichtig, und für den anderen nur die logischen Kriterien. Natürlich kann man beide nicht gleich überzeugen, denn der eine reagiert nur auf Zahlen und Fakten. Da solltest Du Dich dann genau auf diese Punkte konzentrieren, und immer gut vor zu bereiten. Wenn Du das erfüllt hast, werden diese Menschen dann auch viel tiefer gehen. Dann gibt es bei diesen Personen auch welche, die von ständigen Neuanfängen angespornt werden. Die starten mit einer Idee, und verlieren sich dann wieder in anderen Sachen. Dann gibt es auch die die gerne alles vervollständigen. Diese Personen müssen erst alles abschließen bevor die was

Neues beginnen.

Dann gibt es auch Menschen die sind nur auf Essen fixiert. Fast alles was diese Personen tun oder planen, hat in irgendeiner Form einen Bezug zum Thema Essen. Wenn Du solche Personen nach einen Ort frägst, sagen die: „Am Burger King vorbei, dann links an der Straße entlang wo der Mc Donalds ist, und dann gegenüber vom China Restaurant!" Wenn Du die Person nach einem Film fragst, sagt die Person Dir genau wo die Würstchenbude vor gekommen ist.
Deshalb ist es immer gut, wenn Du die Metaprogramme so verwendest, damit sie Dir leicht von der Hand gehen. Um jetzt die Metaprogramme zu verändern, musst Du Dich stark auf die Veränderungen fokussieren. Weiterhin sind emotionale Erfahrungen zum Metaprogramm verändern sehr wichtig. Denn alles was mit Emotion passiert bleibt auch haften. Ein weiteres Veränderungsmerkmal kann die bewusste Entscheidung sein. Durch die Bewusstmachung wird man einen enormen Prozess in Gang bringen.

Bei einer heißen Herdplatte möchte man sich am liebsten schnellstens lösen, also davon weg bewegen. Dagegen gibt es Situationen oder Dinge auf die man sich gerne hin zu bewegt.
Metaprogramme kannst Du auf 2 Arten nutzen: Erleichterung und Steuerung der Kommunikation zu anderen.
Es ist wichtig mit den Metaprogrammen sich selber aus zu richten und zu den wirksamsten Kommunikationsmitteln zu nutzen.

Kapitel 20: Widerstand als Volltreffer

Es geht in dem Kapitel darum das Du Dein Gehirn sinnvoll und wirkungsvoll nutzen.

Wir alle haben mit Menschen zu tun, deshalb müssen wir nach der Methode: „Trial and Error" handeln oder auf gut deutsch: „Versuch und Irrtum". Das „Einfach tun" ist eine wichtige Eigenschaft, die Du erlernen und umsetzen musst. Um sehr erfolgreich zu werden, musst Du das System beschleunigen. Indem Du Rapport herstellst, die Metaprogramme berücksichtigen, indem Du lernst, sich auf andere zu kalibrieren, um mit ihnen in ihrer Sprache reden zu können. Es geht beim TUN um die Reduzierung der Versuche und der Irrtümer. Es geht darum das Du schneller mit Widerständen fertig wirst, und es als Herausforderung siehst besser zu werden. Sonst würdest Du dieses Buch auch nicht lesen.

Wie schon in den vorherigen Kapiteln angesprochen ist Dein zukünftiges Schlüsselwort: „Modellieren". Gut modellieren zu können ist entscheidend, wenn Du lernen willst schneller Resultate und Ergebnisse zu erreichen.

Ab jetzt hat das Wort: „Flexibilität" großen Einfluss auf die kommenden Buchseiten. Das sollten alle großen Kommunikatoren beherrschen, deshalb auch Du, und Du wirst es ab jetzt in Deinem Leben gut anwenden. Das heißt Du spielst mit Deinem Verhalten: Verbal und nonverbal. Das heißt aber nicht das Du den anderen was vorspielst. Trotzdem stellst Du die Temperatur Deines Flexibilitätsreglers auf die Wohlfühltemperatur Deines Gegenübers, und Du wirst so immer häufiger an Dein Ziel kommen. Du kannst aber niemand Deinen Willen aufzwingen, das hatte ich früher auch immer erfolglos angewendet, bis ich auf NLP und Tony Robbins stieß. Kommunikation gelingt nur durch beständige ressourcevolle und aufmerksame Flexibilität.

Diese Flexibilität kommt meistens nicht von selbst: Viele von uns folgen erstaunlicherweise immer den selben Mustern. Manchmal wirst Du schnell zum Erfolg kommen, trotzdem wird Dir das nicht immer gelingen, deshalb solltest Du Deine Antennen neu ausrichten. Du wirst merken es ist eine Kombination aus Ego und Trägheit. Es ist immer einfach das zu tun, was wir schon immer getan haben. Doch das Einfachste ist des öfteren das Schlimmste, was man tun kann.

Du wirst in diesem Kapitel lernen wie Du diese Muster aufbrichst, und erfolgreich anwendest.

„Ein Mensch, der niemals seine Meinung ändert, ist wie ein stehendes Gewässer, seine Gedanken können nur Kriechtiere sein!"

Ein Mensch der nie seine Kommunikationsmuster ändert steht in dem gleichen gefährlichen Schlamm.

In einem System sind die Maschinen die Besten, die durch eine flexible Wahlmöglichkeit effizient arbeiten, und dadurch die größte Wirksamkeit erreichen. Das ist bei uns Menschen genauso! Denn diese suchen immer neue und bessere Wege – öffnen viel Türen und sehen die Chancen und Möglichkeiten.

Wenn Du immer nur nach einem Programm handelst, wirst Du nie erfolgreich werden, deshalb setze die Techniken dieses Buches voll um.

Die meisten Menschen gehen bei Meinungsverschiedenheiten vor als wenn sie in einem verbalen Boxkampf wären. Diese prügeln so lange mit Argumenten aufeinander ein, bis diese schließlich erreichen was sie wollen. Die fernöstlichen Kampfsportarten wie Aikido oder Tai-Chi, sind da eleganter und wirksamer. Die haben nicht das Ziel die gegnerische Kraft zu zerstören, sondern um zu lenken, und zu nutzen.

Denke daran es gibt keinen Widerstand, sondern nur schlechte Kommunikatoren, die zum falschen Zeitpunkt in die falsche Richtung drängen. Ein guter Kommunikator ist, wie ein Aikido-Meister, flexibel und ideenreich genug, um den Ansichten einer Person nicht entgegen zu stehen, sondern in die richtige Richtung zu lenken, um die Kommunikation zum Erfolg zu bringen.
Wenn man ohne Widerstand kommunizieren möchte, könnte man das folgendermaßen Sagen:

    1. „Das sehe ich ein und..."
    2. „Das respektiere ich und ..."
    3. „Das finde ich auch und ..."

Mit dieser Technik bewirkst Du folgendes: Du stellst Rapport her, indem Du die Welt des anderen betrittst und seinen Standpunkt anerkennst. Weiterhin solltest Du diese abwertenden Worte weglassen:

Aber und allerdings. Es ist also immer ein gutes Bauchgefühl beim Gegenüber, wenn Du seinen Standpunkt akzeptierst.

Des öfteren wirst Du bei den Menschen solche treffen, die den Standpunkt des anderen nicht akzeptieren, und dabei nicht mal zu hören. Der Mensch ist schon ein seltsame Spezies. Wenn Du jetzt die Zustimmungstechnik anwendest, wirst Du merken das Du dem anderen mehr zu hörst.

*„Wer stets auf seiner Ansicht beharrt,
wird wenig Zustimmung finden."*

– *Lao-Tse, Tao-Te-King*

Es gibt eine tolle Übung die man mit Personen durchführen kann: Erst vertritt der eine den Standpunkt des anderen und dann umgekehrt. Was meinst Du wie schnell die sich einigen?

Probleme sind immer eine Definition, und die lassen sich lösen, indem man diese umdefiniert. Dieses Spiel macht man so lange bis man die Lösung hat. Manchmal sind wir wie Schallplatten, die immer im gleichen Sprung feststecken. Geben wir der Nadel einen kleinen Schubs oder heben sie hoch, dann geht es weiter. Einfach mal Dein Programm ändern oder neu angefangen, das hilft in jedem Fall!
Weiterhin habe ich festgestellt, dass Verwirrung ein ausgezeichnetes Mittel ist, um Muster zu unterbrechen. Die meisten Menschen verstricken sich in ein bestimmtes Muster, weil sie nicht wissen, was sie sonst tun sollen. Diese Muster können richtig zerstörerisch sein, das ist als wenn mal als Mensch in einem Spinnennetz feststeckt, und man sich immer wieder von den Fäden trennen möchte. Wenn Du selber in so einem Spinnennetz steckst, brauchst Du auf niemand warten, befreien musst Du Dich selbst. Dies geht natürlich nur mit der eigenen Veränderung. Dieses Buch hast Du deswegen gekauft, um Dich positiv zu verändern, also gehe den Schritt und wenn es manchmal weh tut.

Die Gesellschaft will uns immer klar machen, das wir das nicht im

Griff haben: Irrglaube! Du bist immer verantwortlich für Dich und Dein Leben!

Musterunterbrechungen

Musterunterbrechungen kannst Du in Deinem täglichen Leben sinnvoll benutzen. Jeder von uns hat schon Auseinandersetzungen erlebt, die auf einmal immer weiter eskalierten. Der ursprüngliche Anlass des Streits ist längst vergessen, doch wir wüten weiter, werden immer zorniger, immer verbissener darauf bedacht, zu gewinnen, und unsere Meinung durchzusetzen. Solche Auseinandersetzungen können einer Beziehung ungemein schaden. Wenn ein derartiger Streit dann vorbei ist, denkt man vielleicht: Wie konnte es soweit kommen? Aber solange es dauert, hat man keinerlei Überblick und Perspektive mehr. Du erinnerst Dich bestimmt an Situationen die völlig festgefahren waren, und aus denen Du nicht mehr raus kommst. Wie hättest Du dieses Muster unterbrechen können? Nehme Dir einen Moment Zeit und überlege Dir 5 Musterunterbrechungen, die Du künftig anwenden könntest, und überlege Dir für welche Situationen die geeignet sind.

„Reagiere klug, selbst wenn man Dich unklug behandelt."

– Lao-Tse, Tao-Te-King

Wie wäre es wenn Du schon im vor hinein solche Situationen umschiffen könntest?

So zu sagen ein Frühwarnsystem für Streit und Auseinandersetzungen! Am Besten für Musterunterbrechungen eignet sich HUMOR. Es ist schwer wütend zu bleiben, wenn Du lachen musst.

Wir leben halt mal im Zeitalter des Konkurrenzkampfes, und es muss in den Augen der Menschen immer Gewinner und Verlierer geben. Aus meiner Sicht ist dieser Kampf von begrenztem Wert. Ich habe Dir ja schon die Magie des Rapports erklärt, und wie wichtig das für Deinen persönlichen Erfolg ist. Wenn Du jemand besiegen willst, dann handelst Du aus dem entgegengesetzten Verständnis. Aus meiner Sicht ist es besser auf Verständnis zu bauen, als auf Konflikt. Es ist besser Übereinstimmung zu schaffen und dann zu führen, als Widerstand zu brechen.

Es ist auch wichtig für Dich zu wissen, das die Verhaltensmuster nicht in Deinem Gehirn eingemeißelt sind. Auch wenn Du mal etwas tust das Dich einschränkt, so leidest Du deshalb nicht unter einer geheimnisvollen Krankheit. Es ist nur die Wiederholung der unvorteilhaften Muster, egal ob im Verhalten anderen gegenüber oder unserer eigenen Denke. Die Lösung ist die Muster zu unterbrechen und etwas **Neues** zu tun. Du bist kein Roboter, der durch unveränderte Traumata vorprogrammiert ist. Wenn Du etwas tust, was Dir nicht gefällt, dann kannst Du es erkennen und verändern. Wenn Du einen unabdingbaren Entschluss gefasst hast, dann wird es Dir auch gelingen. Die wichtigste Voraussetzung ist **Flexibilität!** Wenn Du versuchen würdest ein Puzzle fertig zu stellen, und Du immer das gleiche Teil zum Weiterkommen verwenden würdest – kommst Du wahrscheinlich nie ans Ziel! Nutze die Welt wie ein Chemiebaukasten, und sei immer experimentierfreudig ;-)

Kapitel 21: Einfach tun-Refraiming

Was hat für Dich die Bedeutung von Schritten?

Wahrscheinlich wirst Du mir antworten: „Keine!"

Wenn Du auf einer belebten Straße lang gehst, wirst Du die Schritte des Einzelnen nicht wahrnehmen. Doch wenn Du nachts alleine in einem Haus bist, dann haben diese Schritte eine Bedeutung, oder? Ganz bestimmt haben diese Schritte eine Bedeutung für Dich! Es könnte ja ein Einbrecher sein!

Du stimmst mir zu: Das es auf die Situation ankommt. Es ist ein sogenannter Sinnesreiz den Du in der Situation hast. Doch Du entscheidest wie Du den Reiz wahrnimmst, und Du vergleichst ihn mit Deinen Erfahrungen. Die Schritte könnten auch bedeuten das Dein Partner heim kommt, dann wirst Du Dich freuen ;-)

Es ist also immer der Rahmen oder Bezug in den Du ihn stellst und wahrnimmst. Wenn Du den Rahmen veränderst, dann verändert sich auch sofort die Bedeutung. Das ist doch genial – und Du kannst es ab jetzt als Werkzeug verwenden. Um dies zu tun – werde ich Dir noch einiges in dem Kapitel dazu erklären. Bezeichnen wir es ab jetzt als Einfach tun-Refraiming!

Daher solltest Du bei jeder Situation erst mal den Bezugsrahmen wählen bevor Du weiter urteilst. Manchmal lohnt sich diesen im Leben zu ändern, um auch besser Gelegenheiten zu sehen. Oft besteht im größten Problem unsere größte Möglichkeit zu sehen. Wenn Du Deine erworbenen Wahrnehmungsmuster ablegen kannst – traue es Dir ab heute immer mehr zu ;-)

Ob etwas ein Unglück ist oder nicht, das ist reine Ansichtssache. Deine Kopfschmerzen sind was Erfreuliches für den Aspirin-Vertreter, aber für Dich nicht!

Du erlebst was und deutest es so und so, doch könnte es ja eine ganz andere Bedeutung haben?

Sehe ab jetzt in jeder Situation die Möglichkeit diese anders zu interpretieren. Dabei brauchst Du einen langen Atem und viel Übung.

Für Dich ist jetzt die Wahrnehmung ein kreativer Akt, anstatt eine vorgefertigte Meinung. Wenn Du nämlich was als Nachteil empfindest, dann nimmt es Dein Gehirn auch so wahr. Das Gehirn erzeugt daraufhin Zustände, die diese Wahrnehmung zur Realität werden lassen. Wenn Du Deinen Bezugsrahmen änderst, indem Du die Situation aus einer anderen Perspektive siehst, dann kannst Du Dein Verhalten auch verändern. Genau das ist das Ziel des Einfach tun-Refraimings!

Denn Du siehst die Welt nicht so, wie sie ist, denn die Dinge können in sehr vielen verschiedenen Standpunkten interpretiert werden. Du selbst, Dein Bezugsrahmen, Deine geistige Landkarte bestimmen das Gebiet.

Es ist wichtig für Dich das Du weißt das Deine früheren Erfahrungen als Filter wirken, was wir und Du von der Welt sehen. Doch es gibt viele Möglichkeiten eine Situation zu sehen.

Wenn ein Mensch eine Konzert- oder Fußballeintrittskarte kauft, und die dann am Tag vor der Konzerthalle oder Fußballstadion für einen höheren Preis verkauft: Kann Halsabschneider oder als Dienstleister (der seine Arbeit in Rechnung stellt!) gesehen werden. Es ist wichtig für Dich die Situationen so zu sehen bzw. repräsentieren, dass sie Dir dabei helfen Deinen Zielen näher zu kommen bzw. zu erreichen.

„Wenn Du etwas Kleines siehst,
wie es sich selbst sieht,
und was schwach ist,
ist seiner Stärke betrachtest,
und des im Dunkel verborgenen Lichts Dich bedienst,
dann wird alles gut werden.
Denn das heißt, natürlich zu handeln."

- Lao-Tse

In seiner einfachsten Form ist das Einfach tun-Reframing die Umwandlung einer negativen Aussage in eine positive – durch Veränderung des Bezugrahmens, in dem das Ereignis wahrgenommen wird.

Es gibt 2 Arten von Reframing:

1. Kontext-Reframing
2. Inhalts-Reframing

Beide verändern Deine internalen Repräsentationen, indem sie Konflikte auflösen und Dich dadurch in einen resourcevollen Zustand zu versetzen.

Beim <u>Kontext-Reframing</u> wird eine Erfahrung, die schlecht, ärgerlich oder unerwünscht erscheint, in einen Zusammenhang gestellt wird, in dem sie sich vorteilhaft auswirkt. Kinderbücher sind voll von Kontext-Reframing: Rudolf Rotnase, der zuerst wegen seiner Nase gehänselt wird, und dann mit Nase den Weg leuchtet. Er wurde zum Helden!

Das hässliche Entlein litt in jungen Jahren sehr, doch als es ausgewachsen war, macht dies seine Schönheit als Schwan aus!
Im Geschäftsleben kann ein widerspruchsorientierter Partner sehr unangenehm sein, doch kann er von großem Nutzen sein, denn er kann mögliche Probleme schon im voraus sehen.

In Sägemühlen bzw. Holzfabriken hatte man am Anfang sehr große Probleme mit dem Sägemehl. Bis ein Mensch kam der das Sägemehl in einem anderen Kontext sah, und schöne Preßspanplatten daraus pressen lies. Dieser Mann wurde durch die Idee sehr reich → er war ein Meister des Kontext-Reframing!

Beim <u>Inhalts-Reframing</u> bleibt die Situation die gleiche, nur ihre Bedeutung wird verändert. Wenn es Dich stört das Dein Kind soviel redet – es kann einfach nicht seinen Mund halten. Nach dem Inhalts-Reframing würdest Du vielleicht sagen, das Kind ist hochintelligent, deshalb hat es soviel zu sagen!

Eine andere Variante des Inhalts-Reframing besteht darin, die Art und Weise, wie Du die Situation siehst, hörst oder repräsentierst, zu verändern. Es kann z.B. sein das jemand was zu Dir sagt worüber Du Dich ärgerst. Du könntest die Person das nochmal sagen hören, und dabei lächelst Du darüber oder es Du siehst wie es Dein Lieblingssänger sagt, mit dem Hintergrund Deiner Lieblingsfarbe. Weiterhin könntest Du Dir vorstellen, wie er sich bei Dir entschuldigt. Eine weitere Möglichkeit ist die Person als sehr klein zu sehen oder als ein kleiner Käfer an Deinem Kragen den Du einfach wegschnippst.

Denke doch mal an den größten Fehler aus dem letzten Jahr den Du gemacht hast: Vielleicht bist Du immer noch deswegen betrübt, letztendlich war der Fehler ein Teil Deiner Erfahrungen, die Dir letztlich mehr Vorteile als Nachteile gebracht hat. Wenn Du ein bisschen nachdenkst, wirst Du merken das Du durch den Fehler mehr gelernt hast als durch andere Situationen.

Du kannst ja auch in der Situation verharren, und diese Situation immer wieder mit schlechten Gefühlen durchleben. Besser ist es diese Situation zu reframen: So das es die Bedeutung von einem großen Lernprozess für Dich hat. So kannst Du es mit allen Situationen tun, das ist doch super!

Du bist der König bzw. Königin Deines Gehirns, gehe auch wie ein(e) König(-in) damit um!

„Die Art und Weise, wie Menschen ein
Ereignis wahrnehmen, wurde so verändert,
dass Ihre neue Repräsentationen davon
einen Zustand bewirken, in dem Sie anders
fühlen und handeln können."

- *Tony Robbins*

Genauso wie beim Reframen von Situationen sollte es auch mit der Kommunikation zu uns selbst sein. Es ist wichtig diese Kommunikation nicht dem Zufall zu überlassen, deshalb ist das Steuern der Gedanken so wichtig – vergesse Du nie, das Du sie wie ein(e) König(-in) steuerst. Du musst Deine Erfahrungen in einen solchen Rahmen stellen, das sie Deinen Zielen und Deiner Vision dienlich ist.

Wenn Du Dich gerade in einer unglücklichen Beziehung befindest oder Dich von Deinem Partner getrennt hast. Solltest Du die schlechten Erfahrungen löschen, und Dich auf das Positive konzentrieren. Du hast diese wahrscheinlich auch in den falschen Rahmen gesetzt. Auch schlechte Beziehungen haben zu Deiner Bereicherung und Wachstum beigetragen. Positive Rahmen geben Dir Kraft für Deine weiteren Vorhaben.

Übung: Nehme Dir mal eine Minute Zeit, und denke an 3 Situationen in Deinem Leben, die Dich besonders herausgefordert haben. Wie viele Möglichkeiten gibt es um diese in verschiedenen Rahmen dar zu stellen? Was kannst Du daraus lernen? Fällt es Dir dadurch leichter Dich anders zu verhalten?

Ich höre Dich schon sagen: „Das ist gar nicht so einfach? Manchmal bin ich zu deprimiert, um das zu tun!"
Was ist Niedergeschlagenheit? Ein Zustand. Erinnerst Du Dich noch daran wo wir über Assoziation und Dissoziation gesprochen haben? Die Voraussetzung um sich selbst zu reframen zu können, ist die Fähigkeit, sich von der deprimierenden Erfahrung zu dissoziieren und sie aus einer neuen Perspektive zu sehen. Dann kannst Du Deine internalen Repräsentationen und Deine Physiologie ändern. Auf diese Weise kannst Du einen ressourcearmen Zustand verändern. Wenn Du die Erfahrung in einen Wahrnehmungsrahmen gestellt hast, der Dir nicht hilft, dann ändere den Rahmen!

Eine Möglichkeit des Reframings besteht darin, die Bedeutung einer Erfahrung oder eines Verhaltens zu ändern. Denke an eine Situation, in der jemand etwas tut, das Dir nicht gefällt und Du dem Verhalten eine bestimmte Bedeutung gibst. Nehmen wir ein Ehepaar, bei dem der Ehemann besonders gern kocht und großen Wert darauf legt, dass seine Kochkünste Anerkennung finden. Seine Frau bleibt nun während des ganzen Essens still. Der Mann ärgert sich darüber. Wenn ihr das Essen schmeckt, könnte sie es ja schließlich sagen. Wenn sie nichts sagt, dann schmeckt es ihr wahrscheinlich auch nicht. Was könnte man tun, um seine Wahrnehmung vom Verhalten seiner Frau zu reframen?

Erinnere Dich: Für ihn ist Anerkennung wichtig. Bei einem Reframing der Bedeutung werden die Wahrnehmungen so verändert, dass Du die Ziele der Person unterstützen, und zwar auf eine Weise, die Du selbst nie in Betracht gezogen hättest. Wir könnten dem Koch sagen, dass seine Frau das Essen zu sehr genießt, um Zeit mit Reden zu verschwenden. Sind Taten nicht schließlich viel besser als Worte?

Eine weiter Möglichkeit wäre, ihn dazu zu bringen, selbst die Bedeutung seines Verhaltens zu reframen. Du könntest ihn fragen: „Ist es schon mal vorgekommen, dass sie während eines Essen schweigsam waren, weil es ihnen sehr gut schmeckt? Was ist da in ihnen vorgegangen?" Das Verhalten seiner Frau war nur innerhalb des Rahmens ärgerlich, in den er es gestellt hatte. In solchen Fällen ist nur etwas Flexibilität nötig, um den Rahmen zu verändern.

Es gibt auch die Möglichkeit, eine eigene Verhaltensweise, die man nicht mag, zu reframen. Normalerweise gefällt Dir ein Verhalten nicht, weil es mit Deinem Selbstbild nicht übereinstimmt oder Du mit den Folgen dieses Verhalten nicht zufrieden bist.

Du hast immer die Möglichkeit es in einen neuen Kontext zu stellen bzw. reframen!

Im weitesten Sinne kann man Reframings dazu verwenden, um unangenehme Gefühle, ganz gleich in welchem Zusammenhang aufzulösen.

Eine der wirksamsten Techniken besteht darin, sich vorzustellen, man sei im Kino und würde die betreffende Erfahrung als Film auf der Leinwand sehen. Du kannst den Film schnell ablaufen lassen – wie einen Zeichentrickfilm. Du kannst es auch noch zusätzlich mit Zirkusmusik untermalen, den Film rückwärts laufen lassen und zusehen, wie die Bilder immer absurder werden. Probiere die Technik mit irgend etwas aus, das Dich stört. Du wirst bald feststellen, dass es seine negative Kraft verliert.

Die gleiche Technik funktioniert auch hervorragend bei Phobien, nur musst Du in diesem Fall die Intensität etwas erhöhen. Phobien können so stark sein, so wenn man daran denkt schon in eine phobische Reaktion verfällt.

Eine wirksame Übung ist:

Versetze Dich in eine Zeit wo Du vital und stark gefühlt hast – erlebe diesen Zustand wieder, und verspüre noch einmal dieses starke Gefühl von Stärke und Sicherheit. Stelle Dir dann vor das Du von einem strahlenden Schutzschirm umgeben bist. Begebe Dich in Gedanken in Dein Lieblingskino, nehme dann in einem bequemen Sessel Platz, von dem Du gute Sicht auf die Leinwand hast. Fühle als nächstes, wie Du Deinen Körper verlässt und hinaus schwebst. Du spürst aber die ganze Zeit den Schutzschirm, der Dich umhüllt. Wenn Du jetzt hinunter schaust kannst Du Dich im Kino sitzen sehen – wie Du auf die Leinwand blickst.
Schaue jetzt auf die Leinwand wo Du das phobische Gefühl in schwarz/ weiß als Standbild siehst. Du siehst jetzt Dich im phobischen Gefühl auf die Leinwand starren – Du bist jetzt doppelt dissoziert. Lasse in diesem Zustand das schwarz-weiß Bild in Bewegung kommen und dann extrem schnell zurück laufen, so dass die Erfahrung, die Dich schon lange belastet hat, nun wie ein alter Slapstick-Film erscheint.

Beobachte Dich jetzt im Zuschauerraum sitzen und den Film auf der Leinwand mit Belustigung zu verfolgen.

Lasse uns jetzt noch einen Schritt weitergehen. Ich möchte das Du in Deinem ressourcevollen Teil wieder hinunter schwebst und in Deinen Körper wieder eintrittst. Stehe dann auf und gehe zur Leinwand. Achte darauf, dass Du Dich in einem sehr starken Zustand befindest. Sage das dann Deinem früheren Selbst, das Du diese beobachtet hast, und das Du 2 bis 3 Möglichkeiten gefunden hast. Wie Du diese Erfahrung verändern kannst, 2 bis 3 Reframings der Bedeutung oder des Inhalts, die Dir selbst helfen werden. Damit Du von jetzt an anders mit Problemen (=Herausforderungen) umgehst. Du brauchst nicht mehr zu leiden und keine Angst mehr zu haben. Du bist ab jetzt ressourcevoller als je zu vor, und die alten Erfahrungen gehören der Vergangenheit an. Helfe Deinem Selbst, mit der Situation umzugehen, mit der Du früher nicht fertig geworden bist. Gehe dann zurück an den Platz und beobachte diese, wie sich der Film verändert. Wiederhole diese Szene in Gedanken und achte darauf, wie Dein jüngeres Selbst die gleiche Situation zuversichtlich meistert. Gehe dann zurück an die Leinwand und gratuliere Deinem jüngeren Selbst dafür, dass Du

Dich von der Phobie oder dem Trauma befreit hast. Nehme dann das jüngere Selbst in Dir auf, in dem Bewusstsein, dass es nun ressourcevoller ist als je zuvor.
Verfahre mit jeder anderen phobischen oder traumatischen Situation auf die gleiche Weise und probiere das Gleiche mit einem Partner aus.
Das kann eine unglaublich starke Erfahrung für Dich sein!

Kapitel 22: Einfach tun-Anker-Technik

*„Tu was Du kannst,
mit dem was Du hast, wo immer Du bist."*

- Theodore Roosevelt

Es gibt Menschen die wenn sie die Flagge Ihres Landes sehen oder die Nationalhymne hören ein Ruck durch den Körper geht bzw. eine Gänsehaut bekommen.

Was ist jetzt daran so besonders wirst Du sagen?

Ein bisschen Stoff und ein Musikstück! Beides ist ein Anker, ein Reiz, der mit Zuständen verknüpft ist. Ein Anker kann ein Wort, ein Satz, eine Berührung oder ein Gegenstand sein. Er kann etwas sein, das wir sehen, hören, fühlen, schmecken oder riechen. Anker haben eine sehr starke Wirkung, weil sie sofort intensive Zustände auslösen können.

Anker können einer Erfahrung Dauer verleihen. Wir können unsere internalen Repräsentationen oder unsere Physiologie innerhalb eines Augenblicks verändern, aber diese Veränderungen erfordern bewusstes Denken. Das ist die unterbewusste Herbeiführung eines positiven Zustands, der uns sofort hilft.

Du hast in dem Buch schon viele Techniken kennengelernt – doch das Ankern ist die wirksamste Methode die ich kenne. Anker ermöglichen uns, schnellen Zugang zu unseren stärksten Ressourcen zu haben.

Wir alle benutzen ständig Anker, ob wir wollen oder nicht. Jeder Anker ist mit einem bestimmten Reiz verbunden.

Kennst Du das Experiment mit den Pawlowschen Hunde?

Pawlow legte den hungrigen Hunden Fleischstücke vor, so dass sie diese riechen und sehen, aber nicht erreichen könnten. Der Anblick des Fleisches löste eine starke Speichelbildung bei den Hunden aus. Während sie sich in diesem Zustand befanden, betätigte Pawlow wiederholt eine Hupe. Nach einiger Zeit brauchte er bloß hupen, um die gleiche Speichelbildung bei den Hunden auszulösen, wie früher der Anblick des Fleisches. Er hatte neurologische Verbindung zwischen dem Klingelton und der Speichelbildung der Hunde hergestellt. Von da an brauchte er nur noch die Hupe zu betätigen, und den Hunden lief buchstäblich das Wasser im Munde zusammen.

Auch ein großer Teil unseres Verhaltens besteht aus unbewusst programmierten Reaktionen. Zum Beispiel greifen viele Menschen bei Stress sofort zu Zigarette, zu Alkohol oder zu Drogen. Sie denken einfach nicht darüber nach. Sie verhalten sich wie Pawlowsche Hunde. Viele von ihnen würden gerne ihr Verhalten ändern, glauben aber, es nicht kontrollieren zu können. Die Lösung liegt darin, sich die Vorgänge bewusst zu machen, um unerwünschte Anker durch solche ersetzen zu können, die automatisch erwünschte Zustände auslösen.

Jetzt fragst Du Dich sicherlich, wie kann ich solche wirkungsvollen Ankern einrichten?

Wenn Du an einer bestimmten Stelle mal geblitzt worden bist, wirst Du immer mit einem unguten Gefühl (negativer Anker) dort vorbeifahren.

Oder was passiert wenn Du im Rückspiegel ein Polizeiauto mit Blaulicht siehst? Verändert sich da nicht augenblicklich Dein Zustand?

Wie groß die Macht eines Ankers ist, hängt von der Intensität des ursprünglichen Zustands ab.

Wenn Du mit jemand einen intensiven Streit gehabt hast, wird Dir immer beim Sehen des Gesichts, die ganzen unangenehmen Gefühle wieder hoch kommen. Das ist dann ein absolut tiefer Negativanker. Du wirst in diesem Kapitel auch noch feststellen wie man diese negativen Anker durch Positive ersetzt.

Viele Anker wirken durchaus positiv, mir geht das so beim Hören vom Lied von Tina Turner „Simply the best", da ich mit diesem grandiosen Lied eine tolle und emotionale Situation verknüpfe. Beim Hören sieht man förmlich wie die Situation nochmal an einem vorüberzieht, und meistens noch mit starker Gänsehaut garniert.

Du kennst bestimmt auch ein Lied mit dem es so ist!

Möglicherweise hast Du bei Deinem ersten Rendezvous ein bestimmtes Eis oder Kuchen gegessen, und von da an ist es Dein Lieblingsnachspeise geblieben. Du denkst nicht häufiger darüber nach wie die Pawlowschen Hunde, aber Du reagierst jeden Tag mehrmals auf Anker, die ganz bestimmte Reaktionen in Dir auslösen.

Die meisten Anker werden bei Dir ganz zufällig eingerichtet: Fernsehen, Radio hören, und die Umgebung bombardieren uns täglich mit Informationen – manche davon werden zu Ankern, andere nicht. Dabei spielen nicht zuletzt Zufälle eine große Rolle. Wenn Du Dich in einem intensiven Zustand befindest – gleichgültig ob angenehm oder unangenehm – und ein bestimmter Reiz auf Dich einwirkt, bestehen gute Aussichten, dass es zu einem Anker wird. Die wiederholte Darbietung eines Reizes schafft eine starke Verbindung. Wenn Du was oft genug hörst, wie z.B. Werbeslogans, ist es wahrscheinlich, dass es sich in Deinem Nervensystem festsetzt. Das Gute daran ist das Du es für Dich selber kontrollieren und steuern kannst – positive Anker installieren und negative Anker zu neutralisieren.

Politiker verwenden erfolgreich Anker, wenn es z.B. um die Macht der Bilder zum Verankern geht. Wie z.B. Barack Obama als er sich vor seiner Wahl wie Kennedy vor dem Brandenburger Tor fotografieren hat lassen. Oder wie Angela Merkel die sich vor Sportgroßereignissen mit der jeweiligen Mannschaft fotografieren lässt, um den Anker beim Volk zu setzen, das sie die Sache voll unterstützt und mitfiebert – ganz einfach im Nationalstolz (wirkt natürlich noch besser mit der Nationalflagge!).

Ein Mann der sich mit negativen Ankern sein Reich auf gebaut hat war Adolf Hitler. Er hat die negative Macht mit dem Hakenkreuz, SS-Zeichen und dem Hitlergruß untermauert. Die Leute wurden dadurch eingeschüchtert, aber auch gleichzeitig mit dem Hitlergruß Gemeinschaft gezeigt und gelebt. Er hat damit auf Dauer ein emotionales Angstszenario geschaffen, das ihm noch mehr Macht und Einfluss verschaffte. Keiner konnte sich diesen negativen Anker entziehen. Clever steuerte er auch die Medien damit, so dass man nur seine Propaganda war nahm. Wer sich gegen diese Macht zur Wehr setzte, wurde gnadenlos eingesperrt oder getötet (meistens dann durch die Waffen-SS, die Furcht erregende Söldner waren!). Er verwendete diese Mittel ständig zur Manipulation der Gefühle, und somit auch der Zustände und des Verhaltens einer ganzen Nation.

Im Kapitel mit dem Reframing hast Du gelernt das derselbe Reiz verschiedene Bedeutungen haben können. Je nach dem Rahmen in dem man es betrachtet. Der gleiche Anker kann positive oder negative Reaktionen auslösen. Für die Anhänger Hitlers waren die Nazisymbole mit positiven, starken und stolzen Gefühlen verbunden. Für seine Gegner mit Angst. Welche Bedeutung hatte wohl das Hakenkreuz für die Verfolgten des Nazi-Regimes und welche für ein Mitglied der NSDAP?

Die Wirkung von Symbolen ist nicht auf tiefe Gefühle und Erfahrungen beschränkt. Schauspieler sind Meister im Gebrauch von Ankern. Gute Schauspieler wissen, wie sie einen ganz bestimmten Ton, einen Satz oder Ihren Körper einsetzen müssen, um Dich zum Lachen zu bringen, und während Du Dich in dem intensiven Zustand befindest, setzen sie einen bestimmten Reiz – ein Lächeln oder einen Gesichtsausdruck, oder einen bestimmten Tonfall. Sie tun das immer wieder, bis das Lachen mit diesem Ausdruck automatisch verbunden ist. Nicht lange, und sie brauchen nur einen bestimmten Gesichtsausdruck aufzusetzen – und schon brechen alle in schallendes Gelächter aus.

Tony Robbins hat diese mächtigen Anker z.B. bei dem Olympiasieger **Michael Phelps**, 10 Kämpfer **Dan O`Brian**, Tennisspielerin **Serena Williams** und beim Ex-Tennis-Star **Andrè Agassi** erfolgreich angewendet. Im Sport kann der Anker Quantensprünge bedeuten, wenn man ihn richtig anwendet.

Ich sehe mir jetzt mal mit Dir genau an wie man für sich ganz bewusst einen Anker erzeugt. Das geschieht im wesentlichen in 2 Schritten. Zuerst muss man den betreffenden in den Zustand versetzen, der geankert werden soll. Wenn der betreffende den Zustand maximal erlebt, musst Du wiederholt einen bestimmten, unverkennbaren Reiz darbieten. Wenn jemand lacht, befindet er sich zum Beispiel in einem kongruenten Zustand – sein ganzer Körper ist in diesem Prozess einbezogen. Wenn Du ihn dabei auf besondere, unverwechselbare Weise in die Schulter greifst und dabei noch ein Geräusch machst, kannst Du ihn auf dieselbe Weise später jederzeit wieder zum Lachen bringen.

Wenn Du jemand einen Anker für Selbstvertrauen anlegen willst, solltest Du ihn an eine Zeit erinnern lassen, in der er voller Selbstvertrauen war, den er dann gern bewusst herstellen möchte. Dann verlasse ihn, diese Erfahrung noch einmal zu erleben, so dass er voll mit ihr assoziiert ist und dieses Gefühl am ganzen Körper spürt. Während er das tut, kannst Du Veränderungen in seiner Physiologie beobachten – Gesichtsausdruck, Körperhaltung und Atmung. Wenn diese Person diesen Zustand maximal erlebt, musst Du mehrmals hintereinander einen bestimmten unverwechselbaren Reiz darbieten.

Du kannst die Ankerreize verstärken, indem Du der Person dabei hilfst, möglichst schnell in einen Zustand von Selbstvertrauen zu kommen. Du kannst ihn zum Beispiel auffordern, Dir zu zeigen, welche Körperhaltung er einnimmt, wenn er Selbstvertrauen spürt, und in dem Augenblick, in dem er seine Haltung verändert, setzt Du den Anker. Du kannst ihn noch auffordern Dir zu zeigen, wie er atmet, wenn er sich absolut sicher fühlt, und sobald er es tut, setzt Du noch einmal denselben Anker. Frage dann noch was er zu sich sagt, wenn er sich sicher fühlt, und fordere ihn auf, in genau dem Ton zu sich zu sprechen. Während er das tut, setzte wieder genau den selben Anker, indem Du zum Beispiel auf die Schulter klopfst.

<u>Vier Bedingungen für erfolgreiches Ankern</u>

1. Intensität des Zustands
2. Timing (Höhepunkt der Erfahrung!)
3. Unverwechselbarkeit des Reizes
4. Wiederholung des Reizes

Wenn Du glaubst das Du einen Anker etabliert hast, musst Du ihn testen. Versetze die Person in einen anderen, neutralen Zustand. Das gelingt Dir am leichtesten, wenn Du die andere Person dazu bringst, die Körperhaltung zu verändern oder an etwas anderes zu denken. Um die Wirksamkeit des Ankers zu testen, setze einfach den entsprechenden Reiz und beobachte was passiert. Ist die Physiologie wieder die gleiche, wie in dem Zustand, den Du ankern willst? Wenn ja, war der von Dir eingerichtete Anker wirksam. Wenn nicht, hast Du vielleicht eines der 4 erfolgreichen Elemente des Ankerns nicht beachtet:

A. Um einen wirksamen Anker zu errichten, muss sich die Person in einem völlig assoziierten, kongruenten Zustand befinden, der Ihren ganzen Körper miteinbezieht.

Es muss also ein intensiver Zustand sein. Je intensiver der Zustand, um so leichter ist er zu ankern, und um so länger wird der Anker wirken. Wenn Du jemanden ankerst, während ein Teil von ihm an das eine und ein anderer an etwas zweites denkt, wir der Reiz mit verschiedenen Signalen assoziiert werden und daher nicht wirksam sein. Wenn jemand sich dissoziiert an ein früheres Ereignis erinnert, wird sich auch in Zukunft, wenn Du den Anker einsetzen, eher an die entsprechende bildliche Vorstellung erinnern, als den betreffenden Zustand geistig und körperlich wieder zu erleben.

B. Du musst den Reiz auf dem Höhepunkt des betreffenden Zustands setzen.

Wenn Du zu früh oder zu spät ankerst, wirst Du nicht die volle Intensität erreichen. Du kannst den Höhepunkt eines Zustandes erkennen, indem Du den Betreffenden dabei beobachtest, wie er in den Zustand gelangt, und darauf achtest, was passiert, wenn der Zustand beginnt, schwächer zu werden. Du kannst ihn auch bitten, Dir zu sagen, wenn er sich dem Höhepunkt nähert, um sich darauf zu kalibrieren und den Reiz im richtigen Augenblick darbieten zu können.

C. Wähle Du einen unverwechselbaren Reiz.

Es ist wesentlich, dass der Anker dem Gehirn des Betreffenden ein klares und unmissverständliches Signal gibt. Wenn jemand einen besonders intensiven Zustand erreicht, und Du versuchst, diesen Zustand zu ankern, indem Du ihn auf gewohnte Weise anschaust, wird das wahrscheinlich nicht besonders effektiv sein, weil der Anker nicht eindeutig unterscheidbar ist, und das Gehirn Schwierigkeiten haben wird, ihn als Signal zu erkennen. Ein Händedruck wird aus dem gleichen Grund nicht besonders viel bewirken, weil wir uns sehr häufig die Hand geben. Es könnte allerdings funktionieren, wenn der Händedruck unverkennbar wäre. Am besten wirkt ein Anker, der mehr Repräsentationssysteme – das visuelle, auditive, kinästhetische und so weiter – gleichzeitig anspricht. Wenn Du jemanden mit einer bestimmten Berührung und einem bestimmten Tonfall ankerst, ist das gewöhnlich wirksamer als eine Berührung alleine.

D. Wiederholen Du jedes mal genau den gleichen Anker.

Wenn Du den Zustand einer Person durch einen ganz bestimmten Druck an einer bestimmten Stelle der Schulter ankern willst, dann kannst Du die Reaktion nicht durch auslösen, indem Du ihn an einer andere Stelle mit stärkerem oder schwächerem Druck berührst.

Wenn Du die 4 Regeln beim Ankern befolgst, wirst Du auf jeden Fall Erfolg haben. Bei den Feuerlauf-Seminaren zeige ich den Teilnehmern, wie sie mit Hilfe von Ankern ihre ressourcevollsten und positiven Energien mobilisieren können. Sie konditionieren sich selbst, indem Du jedes mal, wenn Du in einem starken, energievollen Zustand bist, eine Faust zu ballen. Am Ende des Tages kannst Du, sobald Du die Faust ballst, diesen Zustand auslösen.

Machen wir nun gemeinsam eine kleine Ankerübung. Stehe auf und denke an eine Zeit, als Du voller Selbstvertrauen warst und das Gefühl gehabt hast, tun zu können, was Du immer willst. Bringe Deinen Körper in die gleiche Physiologie wie damals. Stelle Dich so hin, wie Du gestanden, als Du absolut zuversichtlich warst. Balle die Faust, wenn dieses Gefühl auf dem Höhepunkt ist und sage mit kräftiger und überzeugter Stimme: „Ja!". Atme so, wie Du es getan hast, als absolut zuversichtlich warst. Balle wieder die Faust und sage das genau im gleichen Ton: „Ja!". Sprache jetzt mit der Stimme eines Menschen, die absolut sicher und zuversichtlich ist. Während Du das tust, balle wieder auf die gleich Weise die Faust: „Ja!".

Wenn Du Dich nicht an solche Erfahrungen erinnern kannst, überlege wie solche Erfahrungen aussehen würden. Versetze Dich in die Physiologie, in der Du sein würdest, wenn Du wüsstest, wie es wäre, absolut sicher und zuversichtlich bist. Atme so, wie Du es tun würdest, wenn Du Dich absolut sicher fühlen würdest. Ich möchte Dich bitten, das wirklich **einfach zu tun** – so wie bei jeder anderen Übung in diesem Buch. Das Lesen allein wird Dir nicht helfen. Die Übungen durchzuführen, wirkt WUNDER!

Wenn Du nun einen Zustand absoluter Sicherheit erleben willst, balle auf der Höhe dieser Erfahrung die Faust und sage mit kraftvoller Stimme: „Ja!". Sei Dir dieser Kraft und der unglaublichen physischen und geistigen Ressourcen, die du besitzt, bewusst und fühle das Entstehen der Kraft. Wiederhole diesen Vorgang noch fünf- oder sechsmal und fühle, wie Du es jedes mal stärker erlebst und die Verbindung zu Deinem Nervensystem zwischen diesem Zustand, dem Ballen der Faust und dem „Ja!" immer enger wird. Verändere Du dann Deinen Zustand und die Physiologie. Mache eine Faust und sage: „Ja!" auf die gleiche Weise, wie Du es beim Ankern tust, und achte darauf wie Du Dich fühlst. Tue das in den nächsten Tagen mehrmals. Versetze Dich in einen zuversichtlichen, energievollsten Zustand, den Du Dir vorstellen kannst, und balle auf dem Höhepunkt dieses Zustands Deine Faust in beschriebener Weise.

Du wirst bald feststellen, dass Du, sobald Du die Faust ballst, diesen Zustand willentlich hervorrufen kannst, und zwar innerhalb eines Augenblicks. Vielleicht geschieht dies noch nicht nach ein- oder zweimaligen Üben, aber es wird nicht lange dauern, bis Du es mit Erfolg tun kannst. Du kannst Dich mit ein oder zwei Wiederholungen wirksam ankern, wenn der Zustand intensiv genug und der Reiz unverwechselbar ist.

Wenn Du Dich auf diese Weise selbst geankert hast, solltest Du den Anker ausprobieren, wenn Du Dich in einer schwierigen Situation befindest. Balle die Faust und fühle Dich dabei absolut ressourcevoll. Das Ankern besitzt deshalb eine solche Macht, weil es Dein Nervensystem innerhalb eines Augenblicks mobilisiert. Beim traditionellen positiven Denken musst Du innehalten und nachdenken. Durch Ankern kannst Du innerhalb eines einzigen Augenblicks Deine stärksten Ressourcen mobilisieren.
Es ist wichtig zu wissen, dass Anker noch wirksamer werden, wenn Du sie >stapelst< indem man mehrere ähnliche ressourcevolle Erfahrungen kombiniert. Ich kann z.B. einen für mich ressourcevollen Zustand dadurch herstellen, indem ich die Physiologie und Haltung eines Karate-Meisters annehme. In diesem Zustand habe ich zahllose Scherben-, Feuerläufe und andere Herausforderungen (z.B. 2 cm Bretter durchschlagen) gemeistert. In jeder dieser Situationen mache ich, sobald ich mich in einem sehr ressourcevollen Zustand versetzt habe, auf dem Höhepunkt der Erfahrung auf ganz besondere Weise eine Faust oder ein Schlag auf die Brust mit beiden Fäusten. Wenn ich nun auf die gleiche Weise beides ausführe, werden diese intensiven Gefühle und

Physiologien gleichzeitig ausgelöst. Keine Droge der Welt könnte ein so großartiges Gefühl hervorrufen! Ich habe das Gefühl, als würde ich gleichzeitig einen Scherben- und Feuerlauf machen, dabei ein 2 cm breites Brett durch zu schlagen, nachts auf den Malediven im Meer tauchen, Grenzen überwinden, Wettkämpfe gewinnen, tolle Vorträge halten u.s.w.! Je häufiger ich also diesen Zustand erlebe und neue, intensive, positive Erfahrungen damit verbinde, um so wirkungsvoller wird dieser Anker.

Ich möchte Dir nun folgende Aufgabe geben:

Anker 3 verschiedene Menschen, die sich in positiven Zuständen befinden. Bringe Du sie dazu, sich an eine Zeit zu erinnern, in der sie ein überwältigendes Gefühl der Freude und Stärke empfunden haben. Vergewissere Dich das sie es intensiv wieder erleben und ankere diesen Zustand mehrmals hintereinander. Teste dann später während einer Unterhaltung die Anker, während die Betreffenden abgelenkt sind. Kommen sie wieder in den gleichen Zustand? Wenn nicht, überprüfe noch einmal die vier Bedingungen und ankere sie wieder.

Wenn der Anker den gewünschten Zustand nicht auslöst, hast Du eine der vier Bedingungen des erfolgreichen Ankerns nicht berücksichtigt. Vielleicht warst Du oder die anderen Personen nicht ausreichend in dem Zustand assoziiert. Vielleicht hast Du den Anker zur falschen Zeit gesetzt, als der Höhepunkt des Zustands überschritten war. Vielleicht war der Reiz nicht ausgeprägt genug, oder Du hast ihn nicht genau genug wiederholt, als Du den geankerten Zustand erneut auslösen wolltest. In diesen Fällen benötigst Du lediglich die Wahrnehmungsgenauigkeit, um das Ankern genau aus zu führen und gegebenenfalls so oft neu zu versuchen, bis Du einen Anker findest der wirkt.

Nehme Dir nun die nächsten Zeilen besonders zu Herzen, denn sie sind für den Erfolg Deiner Ankerübung enorm wichtig:

5 wichtige Punkte beim Ankern:

- Bestimme Du das Ziel, für das Du einen Anker verwenden willst, und den Zustand, der Dir oder einer anderen Person am besten dabei helfen kann, dieses Ziel zu erreichen.
- Kalibriere Dich auf den entsprechenden Zustand.
- Bringe Dich oder die andere Person durch Verwendung verbaler oder nonverbaler Kommunikationsmuster in den gewünschten Zustand.
- Warte bis der Höhepunkt des gewünschten Zustands erreicht ist, und setze in diesem Augenblick den Anker.
- Teste Du den Anker indem Du:
a) die Physiologie veränderst, um den Zustand zu unterbrechen und
b) den Anker setzen und beobachten, ob dadurch der gewünschte Zustand erreicht wird.

Hier ist noch eine weitere Aufgabe für Dich:
Wähle Du 3 oder 4 Zustände oder Gefühle, die Du gern zur Verfügung hättest, und ankere jeden dieser Zustände an einem bestimmten Körperteil, so dass er Dir leicht zugänglich ist.
Nehmen wir an Du hättest Schwierigkeiten, Entscheidungen zu treffen, und Du würdest Dich in diesem Punkt gerne ändern. Du möchtest entschlussfreudiger sein. Du kannst das Gefühl, schnell, effektiv und leicht Entscheidungen zu treffen zu können, zum Beispiel an den Knöchel Deines Zeigefingers ankern. Erinnere Dich dann an eine Zeit

in Deinem Leben, in der Du absolut entschlussfreudig gefühlt hast. Versetze Dich in Gedanken in diese Situation, und assoziiere Dich voll mit dem entsprechenden Zustand, damit Du Dich wieder genauso fühlst, wie Du Dich damals gefühlt hast. Erlebe das noch einmal, wie Du damals diese wichtige Entscheidung getroffen hast. Drücke zum Höhepunkt der Erfahrung, wenn Du Dich am entschlussfreudigsten gefühlt hast, Deinen Zeigefinger und sage Dir in Gedanken ein Wort – zum Beispiel „Ja!". Wiederhole dann das gleiche noch einmal mit einer anderen Erfahrung, drücke wieder auf dem Höhepunkt dieses Zustands wieder Deinen Zeigefinger und sage wieder das gleiche Wort. Tue das 5 oder 6 mal, um möglichst viele wirksame Anker zu stapeln. Denke Du dann an die Entscheidung, die Du zu treffen hast. Aktiviere dann Deinen Anker. Du müsstest jetzt fähig sein, schnell und leicht die Entscheidung zu fällen. Du kannst, wenn Du möchtest, einen anderen Finger verwenden, um das Gefühl der Entspannung zu ankern. Ich habe da das Gefühl von Kreativität an dem Finger geankert. Ich kann mich damit innerhalb weniger Augenblicke von einem Gefühl der Ratlosigkeit zu dem Gefühl bringen, kreativ zu sein. Nehme Dir die Zeit, fünf verschiedene Zustände aus zu suchen und herzustellen, und spiele Du dann damit, Dein Nervensystem präzise und schnell steuern zu können. Versuche es jetzt gleich!

Ankern ist äußerst erfolgreich, wenn es darum geht, Ängste zu überwinden und Verhaltensweisen zu ändern. Ich will Dir ein Beispiel nennen, das ich häufig in Seminaren verwende. Ich bitte jemanden, der Schwierigkeiten mit dem anderen Geschlecht hat, nach vorn zu kommen. Vor kurzem kam ein junger Mann der Aufforderung nach. Als ich ihn fragte, wie er sich fühle, wenn er eine Frau ansprechen oder sich mit ihr verabreden will, konnte ich eine unmittelbare körperliche Reaktion feststellen. Er sackte etwas in sich zusammen, senkte seinen Blick und bekam eine zittrige Stimme: „Sehr wohl fühle ich mich dabei nicht!", antwortete er, was mich nicht sehr überraschte. Seine Physiologie hatte mir bereits verraten, was ich wissen wollte. Ich unterbrach diesen Zustand, indem ich ihn fragte, ob er sich an eine Gelegenheit erinnern könne, in der er starkes Selbstvertrauen erlebt habe und zuversichtlich und sicher gewesen sei, dass er Erfolg haben würde. Er nickte, und ich half ihm dabei, in diesen Zustand zu kommen. Ich ließ ihn die entsprechende Haltung einnehmen, auf selbstbewusste Weise atmen, und sich in jeder Hinsicht so zuversichtlich fühlen wie in dieser Situation. Ich fordere ihn auf, sich an das zu erinnern, was er sich selbst gesagt hatte, während er sich in diesem Zustand befand. Dann, auf dem Höhepunkt seiner Erfahrung, legte ich ihm die Hand auf die Schulter.

Ich ließ ihn die gleiche Erfahrung mehrmals hintereinander erleben und vergewisserte mich jedes mal, ob er auch wirklich genau die gleichen Dinge fühlte und hörte wie damals. Auf dem Höhepunkt jeder Erfahrung berührte ich ihn in der gleichen Weise zu berühren und in den genau gleichen Zustand zu versetzen.

Ich beschloss dann, den Anker zu testen, unterbrach seinen Zustand und fragte ihn wieder, was für ein Gefühl in Bezug auf Frauen habe. Sofort fiel er wieder in seine niedergeschlagene Haltung zurück. Er ließ die Schultern hängen und begann unregelmäßig zu atmen. Als ich die Hand auf seine Schulter legte, veränderte sich eine Körperhaltung automatisch, und es erschien wieder seine Ressource-Physiologie. Es ist erstaunlich, wie schnell man jemand durch Anker aus einem Zustand der Verzweiflung oder Furcht in einen Zustand des Selbstvertrauens bringen kann. Es genügt, nur eine bestimmte Stelle zu berühren, um den gewünschten Zustand auszulösen. Doch wir können noch weiter gehen. Wir können diesen positiven Zustand mit demselben Reiz verknüpfen, der ursprünglich das Gefühl der Unzulänglichkeit ausgelöst hat, so dass er in Zukunft positive Gefühle verursacht! Das geht folgendermaßen: Ich forderte den gleichen jungen Mann auf, sich unter den Zuhörern eine attraktive Frau auszusuchen, die er normalerweise nie anzusprechen gewagt hätte. Er zögerte einen Augenblick, bis ich meine Hand auf seine Schulter legte. In dem gleichen Augenblick veränderte sich seine ganze Körperhaltung, und er suchte sich ohne Zögern eine attraktive Frau aus. Ich bat sie, nach vorn zu kommen. Ich sagte ihr, dass er versuchen werde, sich mit ihr zu verabreden, und dass sie ihn entschieden zurückweisen sollte.

Ich berührte seine Schulter, und die ressourcevolle Physiologie stellte sich wieder ein, er blickte auf, atmete tief durch, und seine Schultern strafften sich. Er ging auf sie zu und sagte: „Hallo, wie geht es?"

Sie zischte ihn an: „Lass mich in Ruhe." Es störte ihn nicht weiter. Früher hatte ihn schon allein die Tatsache, einer Frau gegenüberzustehen, völlig durcheinandergebracht. Jetzt lächelte er nur. Ich ließ meine Hand auf seiner Schulter, und er macht einen weiteren Versuch. Auch wenn sie verbal immer heftiger wurde, blieb er weiter in seinem Ressurcezustand. Er fühlte sich auch ressourcevoll und zuversichtlich, nachdem ich meine Hand von seiner Schulter nahm. Es war eine neurologische Verbindung geschaffen worden, die bewirkte, dass er in ressourcevollen Zustand kam, wenn er eine Frau sah, von der er sich angezogen fühlte oder wenn er auf Widerstand stieß. In diesem Fall sagte die Frau schließlich: „Können sie mich nicht in Ruhe lassen?" Und er antwortete ihr mit fester Stimme: „Erkennen sie einen interessanten Mann nicht, wenn er vor ihnen steht?" Die Zuhörer brachen in schallendes Gelächter aus.

Er war nun aus eigener Kraft in einen sehr powervollen Zustand gekommen, und dieser Zustand wurde durch den Augenblick einer Frau aufrechterhalten – durch den gleichen Stimulus, der ihn zuvor in Schrecken versetzt hatte. Kurz gesagt, es war ein bestehender Anker umgewandelt worden. Dadurch, dass er einen ressourcevollen Zustand aufrechterhalten hatte, während er zurückgewiesen wurde, assoziierte sein Gehirn diese Erfahrung mit seinem ruhigen, zuversichtlichen Zustand. Es ist bemerkenswert, wie sich eine derartige Veränderung in kürzester Zeit vollziehen kann. Du wirst jetzt vielleicht sagen: „Na ja, in einem Seminar mag so etwas gehen. Aber wie wird es in Wirklichkeit sein? Genauso! Es wird die gleiche Reiz/ Reaktions-Schleife wirksam werden. Wir fordern die Teilnehmer sogar auf, es am gleichen Abend auszuprobieren, und die Ergebnisse sind erstaunlich. Da sie keine Angst mehr haben, nehmen sie nun Kontakt mit Menschen auf, die sie früher nie angesprochen hätten. Wenn Du Dir das genau überlegst, ist eigentlich nichts Erstaunliches dabei. Schließlich musste jeder von uns lernen, mit Zurückweisung zurechtkommen. Es gab ausreichend Modelle dafür. Jetzt steht lediglich ein neues Modell zur Verfügung, das wir wählen können. Eine Abwandlung der Anker-Technik verwende ich, um phobische Reaktionen zu verändern.

Gibt es jetzt noch eine Widerspruch gegen die Anker-Technik? Natürlich nicht: „EINFACH TUN!"

Es ist wichtig, sich der Wirksamkeit des Ankerns bewusst zu sein, weil es ein unglaublich häufiger Vorgang ist. Wenn Du Dich dessen bewusst sind, kannst Du mit jeder Situation umgehen und sie in Deinem Sinne beeinflussen. Wenn Du Dich dieses Mechanismus nicht bewusst bist, wirst Du verschiedenen Zuständen ausgeliefert sein, die anscheinend ohne jeden Grund kommen und wieder vergehen. Ich möchte Dir ein Beispiel geben. Nehmen wir an, jemand hat einen Todesfall in seiner Familie zu beklagen. Er befindet sich in einem Zustand tiefer Trauer. Nach der Beerdigung sprechen ihm viele Menschen ihr Beileid aus und berühren dabei mitfühlend seinen linken Oberarm. Wenn ihn genug Leute auf diese Weise anfassen und er dabei im gleichen Zustand bleibt, kann die Berührung an dieser Stelle ein Anker für den Zustand der Trauer werden, was auch tatsächlich häufig der Fall ist. Wenn ihn jemand Monate später auf die gleiche Weise, mit gleichem Druck, in einem anderen Zusammenhang am linken Oberarm anfasst, kann dadurch wieder das gleiche Gefühl der Trauer ausgelöst werden, ohne das der Betreffende sich erklären kann, warum er sich so fühlt.
Hast Du schon einmal erlebt, dass Du ganz plötzlich

niedergeschlagen warst und nicht wussten, warum? Bestimmt – vielleicht ist Dir nicht einmal die Melodie aufgefallen, die im Hintergrund zu hören war, die Dich an jemanden erinnert, den Du geliebt hast und der jetzt nicht mehr in Deinem Leben ist. Vielleicht war es aber auch ein ganz bestimmter Blick, den Dir jemand zugeworfen hat. Vergesse nicht, dass Anker wirken, ohne dass sie uns bewusst werden müssen.
Ich möchte Dir einige Techniken zeigen, wie Du mit den negativen Ankern umgehen kannst. Die eine besteht darin, gleichzeitig entgegengesetzte Anker auszulösen. Nehmen wir zum Beispiel das Gefühl der Trauer, das bei der Beerdigung geankert wurde. Wenn es mit der Berührung Deine linken Oberarmes verbunden ist, hast Du die Möglichkeit, Dein powervollstes und ressourcevollstes Gefühl an die gleiche Stelle Deines rechten Oberarms zu ankern.

Wenn Du beide Anker gleichzeitig auslöst, wirst Du feststellen, dass etwas Erstaunliches geschieht. Das Gehirn verbindet die beiden Anker miteinander, so dass es jedes mal, wenn einer der beiden Anker ausgelöst wird, die Wahl zwischen beiden Reaktionen hast. In fast allen Fällen wirst Du die positive Reaktion wählen. Es wird Dich entweder in den positiven Zustand versetzen oder in einen neutralen, bei dem sich beide Reflexe gegenseitig aufheben.

Das Ankern ist auch von entscheidender Bedeutung, wenn Du eine dauerhafte Partnerschaft entwickeln willst. Jede Berührung mit Deinem Partner ist eine Art Anker, es werden ressourcevolle, liebevolle, glückliche Augenblicke wachgerufen, die ihr gemeinsam erleben werdet. Wenn sich jetzt Partner nicht ausstehen können, dann sind da häufig negative Anker der Grund dafür. In vielen Liebesbeziehungen gibt es eine Zeit, in der beide Partner mehr negative als positive Erfahrungen miteinander verbinden. Wenn sie sich wiederholt sehen, während sie in negativen Zuständen sind, stellen sie eine Verbindung zwischen dem anderen und diesem Zustand her; manchmal genügt es, dass sie sich nur ansehen, um genug voneinander zu haben. Das geschieht vor allem, wenn sich ein Paar viel streitet und dabei Dinge gesagt werden, die den anderen verletzen oder erzürnen sollen (wenn Du in dieser Situation bist – setzte auf jeden Fall Musterunterbrechungen ein!). Diese intensiven Zustände werden mit dem Gesicht des anderen Menschen assoziiert. Nach einer Weile wünscht sich jeder der beiden, mit jemand anderem zusammen zu sein, mit dem man nur positive Erfahrungen verbindet.

Jetzt ein Tipp der Wunder bewirken kann:

Wenn beide in einem negativen Zustand sind, und beide auf Streit programmiert sind – reicht es wenn Du Deinen Partner so an zu sehen, als ihr euch verliebt habt!

Das verliebte Ansehen solltest Du mit Deinem Partner speichern, und wie die anderen Anker immer öfter stapeln. Dann fühlt sich die Liebe an, als wenn Du auf einer großen Monsterwelle surfst!

Es gibt auch noch eine andere wirksame Methode, die ich mit Dir durchführen möchte, mit dem man negative Anker auflösen kann. Erzeuge bevor Du startest mit einem positiven Anker, den Du Dir selber antrainiert hast. Erinnere Dich an die Situation und fühle den powervollen Anker. Lege nun diesen Anker und Gefühle in Deine rechte Hand. Stelle es Dir richtig intensiv vor, und fühle wie Deine rechte Hand immer leichter und energievoller wird. Denke jetzt noch an eine Zeit wo Du richtig Stolz warst, und lege dieses Gefühl auch in Deine rechte Hand. Wenn Du es richtig durchführst, wirst Du ein starkes Kribbeln in der Hand fühlen. Jetzt denke noch an einen Moment wo Du herzlich gelacht hast, und lege das ebenfalls in die rechte Hand. Schaue auf Deine rechte Hand, und Du siehst die ganzen positiven Gefühle in einem grünen Nebel. Wenn die Gefühle alle miteinander korrespondieren würden, wie würde sich das Anhören? Nutze den grünen Nebel mit den positiven Tönen und schließe mit einem guten Gefühl die Hand.

Öffne jetzt Deine linke Hand, und lege dort alle negativen, frustrierenden, deprimierenden und ärgerlichen Erfahrungen hinein, etwas was Dich stört oder früher schon gestört hat. Vielleicht etwas, vor dem Du Dich fürchtest, etwas was Dir Sorgen bereitet. Lege es einfach in Deine linke Hand. Du brauchst es nicht unbedingt spüren. Es kann auch sein, das die Emotionen die Hand ganz schwer macht. Vergewissere Dich, dass Du Dich davon dissoziiert hast – das negative Gefühl ist einfach nur dort in Deiner linken Hand. Mache Dir diese ganzen negativen Anker als blauen Nebel kenntlich. Was für Töne werden die negativen Anker verursachen?

Jetzt kannst Du beginnen beide Anker von den Händen zu mischen. Am Besten ist, wenn Du von Deiner positiven Seite (rechts) den grünen Nebel rüber schöpfst. Natürlich ist der grüne (positive) Nebel viel stärker als der Blaue, und Du siehst spielerisch, wie Deine negativen Anker die Eigenschaften der Positiven annimmst. Du fühlst wie beide Hände eine Leichtigkeit von sich geben, und Du könntest innerlich vor Freude „nackt auf dem Tisch tanzen". Und im Höhepunkt der Gefühle faltest Du beide Hände zusammen, und genießt diese Wohlgefühl im Bauch ;-)

Wenn es nach der ersten Sitzung nicht komplett die schlechten Gefühle auf der linken Seite aufgelöst haben. Dann führe diese Übung mehrmals durch, und Du wirst sehen das die Wunder bewirkt! Die meisten haben nach 2-3 Übungen die negativen Anker neutralisiert.

Die gleiche Methode kannst Du auch anwenden, wenn Du auf eine Person böse bist. Du kannst in die rechte Hand eine Person legen, die Du richtig magst oder liebst. In die linke Hand kommt die Person die Du nicht leiden kannst, hasst oder böse bist. Schaue Dir zuerst immer die Person an die Du magst und liebst, und transportiere dieses Gefühl mit, wenn Du die Person in der linken Hand ansiehst.

Die Blicke schweifen immer schneller hin und her, bis sich ein positives Bauchgefühl bei beiden Gesichtern ergibt. Bringe dann beide Hände zusammen und atme 3x tief durch. Wenn Du dann wieder an die Person aus der linken Hand denkst, müssten die negativen Gefühle nicht mehr so stark oder weg sein.

Nutze dieses Kapitel mit den Ankern intensiv. Du hast in jeder Situation Deines Leben jetzt die Macht, die Du Dir schon immer vorgestellt hast.

Wende die Technik an, damit Du mit anderen Personen Situationen mit Gehalt ankerst. Du wirst merken das die Erfolge Kreise ziehen, wie ein geworfener Stein in einem Teich.

Übe in jeder Situation die möglich ist, und variiere Deine Anker nach belieben. Sehe es so wie eine Karate-Grundstellung, jedes mal wenn Du sie annimmst, spürst Du die Wirkung – so verhält es sich auch beim Ankern.

Lasse Deine Filter und Werte bei Seite, und nutze die volle Macht der Anker!

Anker = Wunscherfüller!

Kapitel 23. Der Mut zur „Einfach tun-Führung"

Jedes komplexe System, ob es eine Maschine, ein Computer oder ein Mensch ist, muss kongruent sein. Seine einzelnen Teile müssen zusammen arbeiten, alle Aktivitäten müssen zusammen wirken, wenn das System optimal funktionieren soll. Wenn die Teile einer Maschine gleichzeitig in verschiedene Richtungen arbeiten, gerät die Maschine aus dem Takt und bricht schließlich zusammen.

Mit Menschen ist es das gleiche. Wir können zwar lernen, die wirksamsten Verhaltensweisen in uns zu erzeugen, wenn diese Verhaltensweisen aber anderen Dingen, die uns wichtig sind, entgegenwirken, entsteht ein innerer Konflikt, und wir werden inkongruent, was verhindert, dass wir wirklich Erfolg haben. Wenn jemand was anderes geschenkt bekommt, als er sich erwünscht hat, wird er nicht vollkommen glücklich sein. Wenn jemand sein Ziel erreicht, aber dafür seine eigenen Überzeugungen verrät, wird er in Schwierigkeiten geraten. Um uns wirklich zu ändern und zu wachsen, müssen wir bewusst werden, woran wir unseren und den Erfolg anderer messen. Sonst kann es uns passieren, dass wir dies erreicht haben und doch nicht zufrieden sind. Was uns diesbezüglich Klarheit verschaffen kann, ist, die Werte zu kennen, nach denen wir leben.

Was sind Werte? Werte sind Deine persönlichen Überzeugungen darüber, was für Dich besonders wichtig ist. Deine Werte sind Deine Glaubenssätze in Bezug auf richtig, falsch, gut und böse. Wir alle brauchen Werte, um uns auf etwas zu zu bewegen können. Ohne diese werden wir uns nicht erfüllt und zufrieden fühlen. Das Gefühl von Kongruenz oder persönlicher Geschlossenheit und Ganzheit beruht auf der Übereinstimmungen zwischen unserem aktuellen Verhalten und unseren Werten. Unsere Werte bestimmen auch, wovon wir uns fortbewegen. Sie beherrschen unseren Lebensstil. Sie bestimmen, wie wir auf jede einzelne Erfahrung in unserem Leben reagieren. Sie ähneln dem Betriebssystem eines Computers. Du kannst dem Computer jedes beliebige Programm eingeben, doch ob er es akzeptiert, ob er es verwendet oder nicht, hängt einzig und allein von seinem Betriebssystem ab. Werte sind das Betriebssystem des menschlichen Gehirns.

Was Du anziehst, welchen Wagen Du fährst, wo Du heiratest, wie Du Deine Kinder erziehst, welche Politik Du unterstützt und womit

Du Deinen Lebensunterhalt verdienst, hängt alles von Werten ab, die Du hast. Das sind die Grundlage, auf der wir unser Verhalten in den verschiedenen Lebenssituationen bestimmen. Du bist der Schlüssel zum Verständnis und zur Vorhersage menschlichen Verhaltens – Du öffnest das Tor zu unseren größten inneren Kräften.

Wie entstehen nun diese Überzeugungen darüber, was richtig oder falsch, was gut und böse ist, was wir tun und was wir vermeiden sollen? Da Werte spezifische, stark gefühlsmäßig besetzte Glaubenssätze sind, gilt für Deinen Ursprung das gleiche, was wir schon in dem Kapitel über die Glaubenssätze gesagt haben. Unsere Umgebung spielt bereits ab unserer Geburt eine wichtige Rolle. Die Eltern haben den größten Anteil an der Programmierung der für uns fundamentalen Werte. Du teilst ständig ihre Werte mit, in dem sie uns vormachten, was wir tun, sagen und glauben sollten. Wenn wir ihre Werte akzeptieren, wurden wir belohnt und waren ein gutes Kind. Wenn wir sie ablehnten, gerieten wir in Schwierigkeiten – dann waren wir böse und wurden bestraft.

Tatsächlich werden uns die meisten Werte durch Strafe und Belohnung einprogrammiert. Wenn man älter wird, werden die Werte zunehmend durch Altersgenossen bestimmt. Wenn man zum ersten Mal auf der Straße anderen Kindern begegnet, haben sie vielleicht andere Werte als man selbst. Allmählich nimmt man dann andere Werte an und ändert die eigenen, um nicht verprügelt zu werden, oder was noch schlimmer wäre – seine Spielkameraden zu verlieren. Dieser Prozess setzt sich das ganze Leben lang fort, man nimmt ständig weiter neue Werte an und gibt seine eigenen Werte an andere weiter. Während seines ganzen Lebens hat man Helden oder Antihelden, die man bewundert und denen man daher nacheifern möchte. Viele Kinder beginnen ihren Drogenmissbrauch aus diesem Grund.

Weiterhin ist ein großer Wertegeber die Medienwelt, die sich ihrer Macht bewusst sind, und diese positiv für sich nutzen. Übernehme die Werte der Medien nicht 1:1 und hinterfrage für Dich die Thesen. Meistens sind Medien von Politik und Wirtschaft bewusst gesteuert!

Die Ausbildung von Werten geschieht jedoch nicht nur durch Vorbilder. Sie vollzieht sich auch am Arbeitsplatz, wo das gleiche Prinzip von Bestrafung und Belohnung gilt, wie bei der Erziehung von Kindern. Wenn man für jemanden arbeitet und in seiner Firma aufsteigen will, übernimmt man automatisch einige seiner Werte. Wenn man nicht dieselben Werte hat wie der Chef, wird man kaum befördert werden, und wenn man nicht von Anfang an die Werte der Firma teilt, für die man arbeitet, wir man dort nie zufrieden sein. In der Schule bringen Lehrer ständig ihre Werte zum Ausdruck, und verwenden, häufig ganz unbewusst, das gleiche Bestrafungs-Belohnungs-System, um Deine Werte auch durch zu setzen.

Unsere Werte verändern sich mit unseren Zielen und unserem Selbstbild. Wenn Du Dir zum Ziel setzt, eine leitende Stellung in Deiner Firma zu bekommen, wirst Du, wenn Du dieses Ziel erreicht hast, mehr Geld verdienen und andere Erwartungen an Deine Mitarbeiter haben. Deine Einstellung in Bezug auf, wir hart Du selbst nun arbeiten musst, kann sich auch verändern. Deine Vorstellung von einem angemessenen Wagen wird sich auch ändern. Selbst die Menschen, mit denen Du Deine Zeit verbringst, wird sich mit Deinem Image ändern. Statt mit Freunden auf ein Bier zu gehen, sitzt Du jetzt vielleicht mit Leuten aus Deiner Abteilung zusammen, nippen an einem Mineralwasser und planen den Ausbau der Firma.

Du siehst also, wie wichtig es für uns ist, unsere Werte zu kennen. Den meisten Menschen sind viele ihrer Werte nicht bewusst. Sie wissen häufig nicht, warum sie bestimmte Dinge tun – sie haben nur das Gefühl, dass sie sie tun müssen. Viele fühlen sich in Gegenwart von Menschen, die sehr andere Werte haben als sie selbst, unbehaglich und misstrauisch. Viele Konflikte entstehen durch die Gegensätzlichkeit von Werten. Das gilt auf persönlicher Ebene genauso wie in der internationalen Politik. Fast jeder Krieg ist ein Krieg um Werte. Nehme z.B. den Mittleren Osten, Korea und Vietnam. Was geschieht, nachdem ein Land ein anderes erobert hat? Die Sieger beginnen, die Kultur der Besiegten den eigenen Werten an zu passen.

Nicht nur verschiedene Länder und verschiedene Menschen haben unterschiedliche Werte; für jeden einzelnen von uns sind bestimmte Werte wichtiger als andere. Fast jeder hat unverzichtbare Werte, die ihm wichtiger sind als alles andere. Für manche Menschen ist es Ehrlichkeit, für andere ist es Freundschaft. Manche Menschen lügen vielleicht, um einen Freund zu schützen, auch wenn Ehrlichkeit für sie sehr wichtig ist. Wie können sie so etwas tun? Weil in diesem

Kontext Freundschaft in ihrer Wertehierarchie höher rangiert als Ehrlichkeit. Du legst vielleicht sehr viel Wert auf geschäftlichen Erfolg, aber zugleich auch auf ein intensives Familienleben. Es entsteht also ein Konflikt, wenn Du Deiner Familie versprichst, den Abend zu Hause zu verbringen, und sich dann plötzlich eine geschäftliche Besprechung ergibt. Wie Du Dich entscheiden wirst, hängt davon ab, was Du zu diesem Zeitpunkt höher bewertest. Anstatt also zu sagen, dass es schlecht sei, die Zeit mit geschäftlichen Dingen zu verbringen und nicht mit Deiner Familie oder umgekehrt, versuche herauszufinden, welche Werte Du hast. Dann wirst Du verstehen können, warum Du bestimmte Dinge tust oder warum andere Menschen das tun, was sie tun. Die Werte eines Menschen sind einer der wichtigsten Zugänge, um ihn zu verstehen.

Um erfolgreich mit Menschen umzugehen, müssen wir wissen, was für Dich am wichtigsten ist, und insbesondere, wie Deine Wertehierarchie aussieht. Du kannst große Schwierigkeiten haben, das Verhalten und Motivation anderer zu verstehen, solange Du nicht weißt, wie wichtig denen bestimmte Werte sind. Wenn Du ihre Werte kennst, wirst Du fast voraussagen können, wie Du auf etwas reagieren wirst. Wenn Du Deine eigene Wertehierarchie kennst, bist Du in der Lage, jede Beziehung oder jede internale Repräsentation zu verändern, die einen Konflikt verursacht.

Es gibt keinen wirklichen Erfolg, wenn man nicht seinen wichtigsten Werten treu bleibt. Manchmal muss man erst lernen, wie man zwischen verschiedenen Werten, die miteinander in Konflikt stehen, vermittelt. Wenn sich jemand nicht auf seine Arbeit konzentrieren kann, weil seine Familie für ihn den größten Wert darstellt, dann muss zunächst dieser Konflikt und das daraus entstehende Gefühl von Inkongruenz aufgehoben werden. Dazu genügt es häufig, ein Reframing durch zu führen, oder die Absicht des Problemverhaltens heraus zu finden. Du könntest eine Milliarde Dollar besitzen – doch wenn Dein Leben mit Deinen Werten in Konflikt steht, wirst Du nicht glücklich sein. Du könntest genug Beispiele finden. Reiche und mächtige Menschen führen oft ein freudloses Dasein. Anderseits kann jemand arm wie einen Kirchenmaus sein, aber wenn sein Leben mit seinen Werten übereinstimmt, wird er ein Gefühl der Erfüllung haben.

Es geht hier nicht um die Frage, welche Werte richtig und welche falsch sind. Ich will Dir nicht meine Werte aufdrängen. Wichtig ist nur, dass Du weißt, welches Deine Werte sind, um sich selbst zu steuern, motivieren und unterstützen zu können. Wir alle haben höchste Werte, etwas, da wir uns in jeder Situation verwirklichen möchten, sei es in einer Beziehung oder in unserer Arbeit. Das kann Freiheit sein, Liebe, Abenteuer, Sicherheit oder was anderes.

Vermutlich liest Du die Aufzählung und sagst: „Ich will all diese Dinge". Das wollen die meisten von uns, doch wir gewichten sie verschieden. Der eine sucht in einer Beziehung Leidenschaft, ein anderer Lieben, ein dritter einen offenen Austausch, ein vierter ein Gefühl von Sicherheit. Die meisten wissen nichts von Wertehierachie, die sie bestimmt, und sie kennen auch nicht die Werte anderer, nicht einmal der Menschen, die ihnen sehr nahe stehen. Du hast ein vages Verlangen nach Liebe, Herausforderung oder Leidenschaft, weißt aber nicht, wie die Dinge zusammen passen. Doch diese Unterscheidungen sind absolut entscheidend.

Sie bestimmen darüber ob die wichtigsten Sehnsüchte einer Person erfüllt werden oder nicht. Du könntest die Bedürfnisse eines anderen Menschen nicht erfüllen, wenn Du sie nicht kennst. Wir können nicht jemand anderen bitten, unsere Bedürfnisse zu erfüllen, oder mit unseren eigenen in Konflikt stehenden Werten zurecht zu kommen, bevor wir die Hierarchie unserer Werte kennen.

Wie kann man seine eigene oder die Werthierarchie anderer Menschen herausfinden?

Zunächst benötigst Du einen Rahmen für die Werte, nach denen Du suchen kannst. Das heißt, Du musst diese in einen bestimmten Kontext stellen. Wir haben häufig verschiedene Werte in der Arbeit, in Beziehungen oder in Familienangelegenheiten.

Du kannst also z.B. fragen: „Was ist ihnen in einer persönlichen Beziehung am wichtigsten?" Du erhälst dann vielleicht die Antwort: „Das Gefühl, jemanden zu haben, der mich unterstützt." Da könntest Du dann weiter fragen: „Was ist für sie wichtig daran, jemanden zu haben, der sie unterstützt?" Mögliche Antwort: „Es gibt mir das Gefühl, dass mich jemand liebt." So könntest Du weiter fragen: „Was ist für Sie am Wichtigsten daran, geliebt zu werden?" Möglich Antwort: „Es gibt mir ein Gefühl der Freude." Indem Du immer wieder frägst: „Was ist das Wichtigste daran?", erhälst Du nach und nach eine Liste der Werte. Um die Rangordnung der Werte zu bekommen, brauchst Du nur die Begriffe auf der Liste miteinander zu vergleichen. Frage: „Was ist wichtiger für sie – jemanden zu haben, der sie unterstützt, oder Freude zu erleben. Wenn die Antwort lautet, >Freude zu erleben<, dann steht das in der Hierarchie der Werte der betreffenden Person höher.

Als nächstes könntest Du fragen: „Was ist wichtiger für sie, Freude zu erleben oder geliebt zu werden?" Wenn die Antwort lautet, >Freude zu erleben<, dann ist die Freude unter diesen drei Werten der höchste. Frage Du dann: „Was ist wichtiger für sie? Sich geliebt zu fühlen oder unterstützt zu werden?" Dein Gesprächspartner sieht Dich vielleicht verdutzt an und sagt: „Nun, das ist beides wichtig." Du kannst darauf erwidern: „Ja, aber was ist wichtiger, dass jemand sie liebt, oder dass jemand sie unterstützt?". Vielleicht erhälst Du die Antwort: „Nun, es ist nur wichtiger, dass mich jemand liebt." Jetzt weißt Du also, dass in der Wertehierarchie >Liebe< nach >Freude< kommt, und >Unterstützung< auf Rang drei folgt.

Das könntest Du mit jeder beliebigen Liste von Werten tun, um zu verstehen, was für einen Menschen der wichtigste Wert ist, und welches Gewicht die anderen Werte haben. In diesem Beispiel kann sich die betreffende Person in einer Beziehung noch wohl fühlen, auch wenn sie nicht das Gefühl hat, dass ihr Partner sie unterstützt. Für einen anderen sind Beistand und Unterstützung jedoch mehr wert als Liebe (Du wirst erstaunt sein, für wie viele das zutrifft!).

Ein solcher Mensch wird nicht glauben, dass ihn jemand liebt, wenn er ihn nicht unterstützt, und es wird ihm nicht genügen, nur geliebt zu werden, wenn er nicht zugleich auch das Gefühl hat, unterstützt zu werden.

Manche Menschen brechen eine Beziehung ab, wenn ihre Werte missachtet werden. Wenn zum Beispiel Unterstützung die Nummer eins auf der Werteliste eines Menschen ist und er nicht das Gefühl hat, dass der geliebte Mensch ihm beisteht, könnte es sein, dass er die Beziehung beendet. Jemand anderer, der Unterstützung an dritte, vierte oder fünfte Stelle stellt, und Liebe an die erste, wir die Beziehung so lauge aufrechterhalten, wie er sich geliebt fühlt.

Ich bin sicher, das Du mehrere Dinge nennen könntest, die für Dich in einer Beziehung von Bedeutung ist. Ich habe einige der

Wichtigsten unten aufgeführt:

- Liebe
- Leidenschaft
- Gegenseitiges Verständnis
- Achtung
- Vergnügen
- Entwicklung
- Unterstützung
- Herausforderung
- Kreativität
- Schönheit
- Anziehung
- Glaube
- Freiheit
- Ehrlichkeit

Das sind keineswegs alle wichtigen Werte, die es gibt. Du kannst andere finden, die für Dich wichtiger sind als die oben angeführten. Wenn Dir welche einfallen, schreibe diese auf.

Ordne die Werte in der Reihenfolge der Bedeutung ein, die sie für Dich haben – Nummer eins ist der Wichtigste und die Nummer vierzehn der am wenigsten wichtige Wert.

Findest Du das als schwierig?

Wenn Du es nicht systematisch machst, wird die Einstufung um so mühsamer und verwirrender, je umfangreicher die Liste ist. Lasse uns also einige Werte miteinander vergleichen, um festzustellen, welche besonders wichtig sind. Beginnen wir mit den ersten beiden, die auf der Liste aufgeführt sind: Was ist für Dich wichtiger, >Liebe< oder >Leidenschaft<? Wenn die Antwort >Liebe< heißt, ist >Liebe< dann für Dich wichtiger als >gegenseitiges Verständnis<? Du musst die Liste bis zum Ende durchgehen und prüfen, ob für Dich etwas wichtiger ist als der Wert, mit dem Du begonnen hast. Wenn nicht, dann steht er an der Spitze der Rangordnung. Gehe Du zu dem nächsten Begriff der Liste über. Was bedeutet Dir mehr, >Leidenschaft< oder >gegenseitiges Verständnis<? Wenn die Antwort >Leidenschaft< lautet, gehe die Liste weiter durch und prüfe jeden weiteren Wert.

Wenn Du an irgendeiner Stelle einen anderen Wert dem zuerst genannten vorziehst (in diesem Fall: Leidenschaft), dann setze den Vergleich mit diesem Begriff fort.

Wenn Du >gegenseitiges Verständnis< beispielsweise als wichtiger einstufst als >Leidenschaft<, dann wirst Du weiter fragen: „Was ist wichtiger, >gegenseitiges Verständnis< oder >Achtung<?" Wenn es noch immer >gegenseitiges Verständnis< ist, frage weiter: „>Gegenseitiges Verständnis< oder >Vergnügen<? Wenn in diesem Schritt kein Wert wichtiger eingestuft wird als >gegenseitiges Verständnis<, dann kommt dieser Wert in der Hierarchie an zweiter Stelle. Wenn ein anderer Wert als wichtiger angesehen wird, würdest Du alle anderen Werte so lange mit diesem vergleichen, bis Du die Liste vervollständigt hast.

Wenn Du zum Beispiel >gegenseitiges Verständnis< mit allen übrigen Begriffen verglichen hättest und dann zum letzten auf der Liste aufgeführten Wert >Ehrlichkeit< käme, und herausfindest, dass dieser wichtiger ist als >gegenseitiges Verständnis<, dann brauchst Du es nicht mit der >Kreativität< zu vergleichen, denn >Kreativität< ist für Dich nicht so wichtig wie >gegenseitiges Verständnis<. Auf diese Weise wissen wir, dass >Ehrlichkeit<, wichtiger als >gegenseitiges Verständnis< ist, auch höher eingestuft wird als >Kreativität< oder jeder andere Wert auf der Liste, der bereits unter >gegenseitigem Verständnis< rangiert. Um die Rangordnung zu vervollständigen, wiederhole das Ganze mit dem Begriff auf der Liste.

Was Du sehen wirst, das die Einstufung nicht immer ganz einfach ist. Wir müssen sehr feine Unterscheidungen treffen, die wir häufig nicht gewöhnt sind. Wenn eine Entscheidung nicht klar ist, musst Du noch präziser fragen. Du könntest etwa fragen: „Was ist wichtiger, Leidenschaft und Entwicklung?" Die Antwort könnte lauten: „Nun, wenn ich mich entwickeln kann, lebe ich mit mehr Leidenschaft." Dann musst Du Dich fragen: „Was bedeutet für Dich Leidenschaft? Was bedeutet Entwicklung für Dich?" Wenn die Antwort lautet: „Leidenschaft ist für mich das Gefühl absoluter Freude, und Entwicklung heißt, Hindernisse zu überwinden." Dann kannst Du fragen: „Was ist wichtiger, Hindernisse zu überwinden oder das Gefühl absoluter Freude?" Das wird die Entscheidung erleichtern.

Wenn die Unterschiede noch immer nicht klar sind, kannst Du fragen, was geschehen würde, wenn einer der beiden Werte wegfiele. „Wenn Du niemals wieder leidenschaftlich sein könntest, sich dafür aber entwickeln könntest, wärst Du damit einverstanden? Oder wäre es Dir lieber, sich nicht zu entwickeln, dafür aber leidenschaftlich zu sein?" Auf diese Weise erhälst Du gewöhnlich die Information, die nötig ist, um zu entscheiden, welcher Wert wichtiger ist.

Deine persönliche Wertehierarchie auf zu stellen, ist eine der wichtigsten Übungen in diesem Buch. Nehme Dir jetzt die Zeit, zu entscheiden, was Du Dir von einer Beziehung wünschst. Mache das gleiche mit Deinem Partner, wenn Du in einer festen Beziehung lebst. Dein Partner und Du werden dadurch viel mehr Verständnis für die Bedürfnisse des anderen entwickeln. Stelle Du eine Liste all der Dingen auf, die Dir in einer Beziehung am wichtigsten ist – zum Beispiel Anziehung, Vergnügen, Leidenschaft und Achtung. Um diese Liste zu erweitern, könntest Du fragen: „Was ist an Achtung so wichtig?" Dein Partner antwortet möglicherweise: „Es ist das wichtigste in einer Beziehung." Du hast damit den höchsten Wert schon ermittelt. Oder Dein Partner könnte antworten: „Wenn ich mich geachtet fühle, dann fühle ich mich mit einem anderen Menschen verbunden." Du hast also einen weiteren Begriff >Verbundenheit<. Du könntest fragen: „Was ist wichtig daran, sich mit dem Partner verbunden zu fühlen?" Und Dein Partner könnte sagen: „Wenn ich mich einem anderen Menschen verbunden fühle, dann fühle ich mich von ihm geliebt." Du kannst dann weiter fragen: „Was ist wichtig daran, sich geliebt zu fühlen?" Fahre auf diese Weise fort, eine Liste mit Begriffen herzustellen, bis Du glaubst, die meisten wichtigen Werte erfasst zu haben, die für Deine Beziehung von Bedeutung ist. Lege dann die Rangordnung fest, indem Du die oben besprochenen Techniken anwendest. Vergleiche Du systematisch alle Werte, bis Du eine Hierarchie aufgestellt hast, die Dir zutreffend erscheint.

Nachdem Du für Deine persönlichen Beziehungen eine Hierarchie der Werte geschaffen hast, tue das gleiche für Dein Berufsleben. Frage Dich: „Was ist mir an meiner Arbeit wichtig?" Du könntest antworten: „Kreativität." Die nächste folgerichtige Frage wäre dann: „Wenn ich kreativ bin, habe ich das Gefühl, mich zu entwickeln." „Was ist wichtig daran, sich zu entwickeln?" Mache einfach so weiter. Wenn Du Kinder hast, schlage ich vor, dass Du das gleiche auch mit ihnen tust. Indem Du die Dinge herausfindest, durch die sie wirklich motiviert werden, wirst Du wichtige und sehr hilfreiche Informationen gewinnen, die es Dir gestattet, die Entwicklung Deiner Kinder wirksam zu fördern.

Was hast Du entdeckt? Wie fühlst Du Dich in Bezug auf die Liste, die Du aufgestellt hast? Bist Du der Meinung, dass es stimmt? Wenn nicht, stelle Du weitere Vergleiche an, bis Du zufrieden bist. Die meisten Menschen sind überrascht, wenn sie ihre höchsten Werte entdecken. Doch wenn Du ihre Wertehierarchie kennst, wirst Du sie auch verstehen, warum sie tun was sie tun. In Deinen persönlichen Beziehungen und am Arbeitsplatz weißt Du nun, worauf es Dir ankommt, kannst es auch ausdrücken und folglich damit beginnen, Deine Energie darauf zu verwenden, Dein wirklichen Ziele zu erreichen.

Eine Rangordnung zu finden, ist jedoch noch nicht genug. Wie wir später noch sehen werden, haben die einzelnen Wertbegriffe für verschiedene Menschen sehr verschiedene Bedeutungen. Nachdem Du nun also die Rangordnung Deiner Werte kennst, nehme Dir noch etwas Zeit, und frage Dich, was diese im einzelnen bedeuten.

Wenn der höchste Wert in einer Beziehung Liebe ist, könntest Du fragen: „Wann fühlen sie sich geliebt?" oder „Was veranlasst sie dazu, jemanden zu lieben?" Oder: „Woher wissen sie, wenn sie nicht geliebt werden?" Du solltest mindestens die ersten vier der auf Deiner Liste verzeichneten Werte mit Hilfe solcher Fragen genau analysieren. Allein das Wort >Liebe< hat für Dich wahrscheinlich schon ein Dutzend verschiedene Bedeutungen, und es lohnt sich, herauszufinden: Welche? Es ist bestimmt nicht einfach, aber wenn Du Dir Mühe gibst und sorgfältig vorgehst, wirst Du mehr über Dich selbst erfahren – was Dich wirklich willst und welche Beweise Du benötigst, um überzeugt zu sein, dass Deine Wünsche tatsächlich erfüllt sind.

Du kannst natürlich nicht ständig umfassende Wertbestimmungen für jeden anstellen, den Du kennst. Wie präzise und spezifisch Du sein willst, hängt allein davon ab, was Du erreichen willst. Wenn es sich um eine dauerhafte Beziehung handelt, mit Deinem Lebensgefährten oder Dein Kind, wirst Du alles wissen wollen, was Du in Erfahrung bringen kannst.

Wenn Du ein Trainer bist, der einen Spieler motivieren willst; oder ein Geschäftsmann, der einen Kunden einschätzen möchte, wirst Du zwar immer noch die Werte der Person wissen wollen, aber Du brauchst nicht bis ins kleinste Detail zu gehen. Es genügt, wenn Du einen Überblick gewinnst. Denn in jeder menschlichen Beziehung – ob die so intensiv ist wie zwischen Mutter und Sohn oder so beiläufig wie zwischen Kunden und Verkäufer – gibt es einen >Vertrag<, unabhängig davon, ob er ausgesprochen ist oder nicht. Du erwartest beide bestimmte Dinge voneinander, Du beurteilst beide die Worte und Handlungen des anderen nach ihren eigenen Werten, zumindest unbewusst. Deshalb solltest Du Dich bereits am Anfang Deiner >Beziehung< darüber klar werden, wie diese Werte aussehen, damit Du von vornherein weißt, wie sich Dein Verhalten auf den anderen auswirkt und welches jeweils ihre wahren Bedürfnisse sind.

Du kannst diese allgemeinen Werte während einer beiläufigen Unterhaltung herausfinden. Eine einfache, aber wertvolle Technik besteht darin, genau hinzuhören, was der andere sagt. Die Menschen neigen dazu, immer wieder dieselben Schlüsselwörter zu verwenden, anhand derer man erkennen kann, welche Werte sie hochschätzen. Zwei Menschen haben zum Beispiel ein gemeinsames aufregendes Erlebnis gehabt. Der eine schwärmt von der Erfahrung und sagt, wie sehr sie seine Kreativität angeregt habe. Der andere ist genauso begeistert und sagt, wie stark das Gefühl der Gemeinsamkeit gewesen sei. Beide geben Dir deutliche Hinweise auf ihre höchsten Werte, so dass Du nun weißt, was Du berücksichtigen musst, wenn Du sie zu etwas motivieren willst.

Die Werte des anderen zu kennen, ist also sowohl im persönlichen wie auch im beruflichen Leben wichtig. Es gibt einen entscheidenden Wert, nach dem jeder in seinem Beruf strebt. Dieser Wert veranlasst uns dazu, eine Stelle an zu nehmen oder – falls er nicht erfüllt wird, wieder auf zu geben. Für manche Menschen ist Geld wichtig. Wenn sie gut bezahlt werden, wechseln sie ihre Arbeitsstelle so gut wie nie. Aber für viele ist etwas anderes wichtig. Es kann Kreativität sein oder die Herausforderung durch eine Aufgabe oder ein gutes Betriebsklima.

Für einen Arbeitgeber ist es wichtig zu wissen, welche Werte seine Angestellten am höchsten einstufen. Um das zu erfahren, kann er z.B. fragen: „Was war für sie bei der Wahl ihrer Arbeitsstelle besonders wichtig?" Nehmen wir an, der Angestellte antwortet: „Die kreativen Möglichkeiten." Dann fragst Du weiter, was außerdem für den Betreffenden wichtig war. Schließlich fragst Du, was ihn veranlassen könnte weg zu gehen. Angenommen die Antwort lautet: „Mangelndes Vertrauen." Da könntest Du fortfahren, indem Du fragst: „Was könnte sie trotz mangelnden Vertrauens veranlassen, zu bleiben?" Manche werden antworten, dass sie niemals in einer Firma bleiben würden, in der man ihnen kein Vertrauen entgegenbringt. Wenn das der Fall ist, dann ist das ihr entscheidender Wert – das was erfüllt sein muss, damit sie an einer Arbeitsstelle bleiben. Jemand anderer sagt vielleicht, er würde bleiben, auch wenn man ihm kein Vertrauen entgegenbringt, solange er die Chance hat, in der Firma auf zu steigen. Probiere weiter und frage so lange, bist Du herausgefunden hast, was für den Betreffenden erfüllt sein muss, damit er zufrieden ist und in ihrer Firma bleibt, und was ihn dazu veranlassen würde, seinen Job auf zu geben. Die Begriffe, die Menschen im Zusammenhang mit ihren Werten verwenden, sind sehr mächtige Anker – sie haben starke emotionale Wirkung.

Um mehr Wirkung zu erzielen, genügt es, präziser zu werden: „Woran würden Sie erkennen, dass es erfüllt ist?" Es ist außerordentlich wichtig, zu wissen, welche konkreten Beweise jemand braucht, um fest zu stellen, inwiefern sich Deine eigenen Vorstellungen von Vertrauen, zum Beispiel, unterscheidet. Vielleicht glaubt er nur, dass man ihm vertraut, wenn seine Entscheidungen nie in Frage gestellt werden. Oder er könnte es für einen Mangel an Vertrauen halten, wenn seine Zuständigkeit für einen bestimmten Bereich ohne Erklärung geändert wird. Es ist von unschätzbarem Wert, wenn ein Arbeitgeber die Werte seiner Mitarbeiter kennt und weiß, wie er dieses Wissen im Umgang mit ihnen einsetzen muss.

Manche Arbeitgeber glauben, dass sie ihre Angestellten gut motivieren, wenn sie das tun, womit sie selbst gut motiviert wären. Sie glauben, ihnen gutes Geld zu bezahlen und daher von ihnen auch Höchstleistungen erwarten zu dürfen. Das stimmt jedoch nur teilweise, denn andere Menschen können andere Dinge hochschätzen. Für manche ist es am wichtigsten, mit Kollegen zusammen zu arbeiten, die sie mögen. Wenn diese Kollegen nicht mehr da sind, verliert die Arbeitsstelle ihren Reiz. Für manche haben Kreativität und Herausforderung einen hohen Stellenwert. Für andere sind es wieder andere Dinge. Wenn Du ein guter

Vorgesetzter sein willst, musst Du die Werte Deiner Mitarbeiter kennen und wissen, wie Du diese erfüllen kannst. Wenn nicht, wirst Du die Mitarbeiter verlieren, oder sie werden nicht so viel leisten, wie sie können, und ihre Arbeit wird ihnen wenig Freude bereiten. Braucht man dazu Zeit und Einfühlungsvermögen? Sicher!

Doch wenn Dir Deine Mitarbeiter wichtig sind, dann wird sich das auch bezahlt machen – für Dich selbst und für die anderen. Denke daran, dass Werte eine starke emotionale Wirkung haben. Wenn es nur von Deinen eigenen Werten ausgehst, dann wirst Du wahrscheinlich sehr oft verbittert sein und Dich enttäuscht fühlen, auch wenn Du das Gefühl hast, von Deiner Warte aus gesehen, fair zu sein. Wenn Du aber die Verschiedenheit von Werten berücksichtigst, wirst Du mit Deinen Mitarbeitern, Freunden und Familienmitgliedern viel besser auskommen – und auch selbst zufriedener sein. Es kommt nicht darauf an, die gleichen Werte zu haben wie ein anderer, doch es ist wichtig, sich mit anderen Menschen verständigen zu können, ihre Werte zu kennen und zu respektieren.

Werte sind die wirksamsten Mittel der Motivierung. Wenn Du eine schlechte Angewohnheit verändern willst, so kannst Du das sehr schnell erreichen, wenn Du diese Veränderung als Zeichen für die Erfüllung eigener Werte ansiehst.

„Wenn ein Mensch nichts gefunden hat,
für das er sterben würde,
so ist er auch nicht fähig zu leben."

– Martin Luther King

Werte haben eine sehr große emotionale Bedeutung. Es gibt nichts, wodurch man Menschen stärker aneinander binden könnte als ihre höchsten Werte. Aus diesem Grund wird eine Armee von Freiwilligen ein Land immer besser verteidigen als eine Söldnertruppe. Es gibt nichts, das Menschen nachhaltiger entzweit, als wenn das Verhalten des anderen den eigenen Werten widerspricht. Die Dinge, die uns am meisten bedeuten, sei es nun Patriotismus oder Liebe zur Familie, sind alle Ausdruck unserer Werte. Indem Du also eine Hierarchie aufstellst, schaffst Du etwas, das Du vorher nicht besessen hast – die nützliche Landkarte, die Du von den Wünschen und Zielen eines Menschen haben kannst.

Wir können die explosive Kraft und die deutlichen Unterschiede von Werten gut in Beziehungen beobachten. Jemand kann sich durch das Ende einer Liebesbeziehung verraten fühlen. >Er hat mir gesagt, dass er mich liebt.< sagt sie. >Was für ein Witz.< Für den einen ist Liebe ein Bund, der ewig währt. Für einen anderen ist Liebe eine kurze und intensive Verbindung. Der andere muss also nicht unbedingt ein Schuft sein, möglicherweise hat er nur ein völlig anderes Verständnis davon, was Liebe ist.

Daher ist es von entscheidender Bedeutung, dass Du die Landkarte des anderen so genau wie möglich kennst. Es genügt nicht, wenn Du nur die Worte kennst, die ein anderer verwendet, Du musst auch wissen, was sie bedeuten. Um das heraus zu bekommen, musst Du so flexibel und beharrlich Fragen stellen, wie nötig ist, um die konkrete Entsprechung der Wertehierarchie des anderen zu kennen.

Die Vorstellungen von Werten gehen häufig so sehr auseinander, dass zwei Menschen, die angeblich die gleichen Werte hochhalten, trotzdem so gut wie nichts gemeinsam haben, und andere, mit völlig verschieden lautenden Werten, stellen möglicherweise fest, dass sie in Wirklichkeit dasselbe wollen. Der eine versteht unter Spaß, Drogen zu nehmen und Alkohol zu trinken, seine nächste Partys zu verbringen und bis in den frühen Morgen zu tanzen. Ein anderer versteht unter Spaß, auf Berge zu klettern oder einen Fallschirm Sprung zu machen – alles, was neu oder aufregend ist. Das einzige, was sie gemeinsam haben, ist dass sie für ihre Erfahrungen das gleiche Wort verwenden. Ein dritter sagt möglicherweise, Herausforderung sei für ihn das Wichtigste. Das könnte für ihn unter Umständen bedeuten, auf Berge zu klettern und Fallschirm springen. Wenn Du ihn aber frägst, ob >Spaß< für ihn eine große Bedeutung hat, tut er es vielleicht als banal und unwichtig ab. Doch er meint mit >Herausforderung< genau das gleiche, was die zweite Person in unserem Beispiel mit >Spaß< benennt.

Gemeinsame Werte bilden die entscheidende Grundlage für Rapport. Wenn die Werte zweier Menschen völlig miteinander übereinstimmen, kann ihre Beziehung ewig anhalten. Wenn sie völlig verschiedene Werte haben, besteht wenig Aussicht auf eine dauerhafte, harmonische Beziehung. Nur wenige Beziehungen lassen sich in eine dieser extremen Kategorien einordnen. Daher muss man zuerst zwei Dinge tun: Erstens, die gemeinsamen Werte finden, um sie dazu zu verwenden, die nicht übereinstimmenden Werte zu überbrücken. Zweitens musst Du versuchen, die wichtigsten Werte des anderen zu berücksichtigen und wann immer es geht, zu erfüllen. Das ist die Grundlage für eine starke, positive und dauerhafte Beziehung, sei es nun im persönlichen Leben, in der Familie und im beruflichen Bereich.

Unsere Werte sind der Faktor, der darüber entscheidet, ob wir uns kongruent oder inkongruent verhalten, ob wir zu etwas motiviert sind oder nicht. Wenn man die Werte eines Menschen kennt, besitzt man den Schlüssel zu Verständnis. Wenn man sie nicht kennt, ist der Einfluss, den man auf das Verhalten anderer hat, bestenfalls zufällig und kurzfristig und führt häufig zu anderen als den gewünschten Zielen. Wenn ein Verhalten mit den Werten eines Menschen in Konflikt steht, wirkt es wie ein Unterbrecher in einem Stromkreis. Die Werte sind die letzte, entscheidende Instanz eines Menschen, sie bestimmen, welches Verhalten richtig und welches nicht richtig ist, um etwas zu erreichen.

Genau wie es verschiedene Vorstellungen über die Bedeutung von Werten gibt, gibt es auch verschiedene Möglichkeiten, zu entscheiden, wodurch ein bestimmter Wert erfüllt wird. Eines der nützlichen Verfahren, um sich Ziele zu setzen, besteht darin, festzulegen, wodurch genau die persönlichen Werte erfüllt würden. Hier eine Übung dazu: Wähle 5 Werte, die für Dich wichtig sind, und frage Dich: „Was muss geschehen, damit ich weiß, dass meine Werte erfüllt werden?" Beantworte Dir die Frage, und schreibe Dir die Antworten auf ein Blatt Papier auf. Prüfe, ob Deine Erfüllungskriterien nützlich und realistisch sind oder nicht.

Du kannst Deine Erfüllungskriterien selbst bestimmen und verändern. Es sind lediglich mentale Konstrukte, sonst nichts. Sie sollten Dir nützlich sein, und Dich nicht behindern.

Werte verändern sich. Manchmal verändern sie sich radikal, doch gewöhnlich vollzieht sich dieser Prozess langsam und unbewusst. Viele von uns haben Erfüllungskriteren, die kontraproduktiv oder veraltet sind. Als Jugendlicher brauchtest Du vielleicht eine Fülle von Liebesbeziehungen, um sich anziehend zu fühlen. Als Erwachsener hast Du vielleicht bereits etwas elegantere Strategien entwickelt. Wenn Dir Dein Aussehen wichtig ist, Du Dich aber nur attraktiv findest, wenn Du so aussiehst wie eine Schönheitskönigin oder ein Filmstar, dann schaffst Du Dir damit selbst die Voraussetzung für häufige Frustration. Wir kennen alle Menschen, die auf ein bestimmtes Ziel fixiert waren, das für sie ein absoluten Wert darstellte. Als sie es dann erreicht hatten, mussten sie feststellen, dass es ihnen nichts bedeutet. Ihre Werte hatten sich mittlerweile geändert, doch sie haben immer weiter ihre ursprünglichen Erfüllungskriterien verfolgt. Manchmal verfolgen Menschen bestimmte Erfüllungskriterien, die mir keinerlei Werten verbunden sind. Sie wissen zwar, was sie wollen, aber sie wissen nicht, warum. Wenn sie es dann erhalten, stellt sich ihr Ziel als Täuschung heraus, etwas, das sie sich als erstrebenswert haben einreden lassen, das sie in Wirklichkeit aber gar nicht wollten. Die Inkongruenz zwischen Werten und Verhalten ist eines der größten Themen in Literatur und Film von >Citizen Kane< bis zu >Der große Gatsby<. Es ist wichtig, eine genaue Kenntnis der eigenen Wert zu haben und zu merken, wann sie sich ändern. Deshalb musst Du die Werte, die Dich am meisten motivieren, immer wieder überprüfen.

Eine andere Möglichkeit, Erfüllungskriterien zu überprüfen, besteht darin, festzustellen, ob sie innerhalb eines vernünftigen Zeitrahmens zu verwirklichen sind. Nehme Du z.B. zwei Jugendliche, die gerade die Schule beendet haben und sich jetzt für einen Beruf entscheiden müssen. Der eine versteht unter Erfolg, eine Familie zu haben, vierzig Tausend Euro im Jahr zu verdienen, in einem Zweihundert-Tausend-Euro-Haus zu leben und gesund zu sein. Der andere wünscht sich eine Muster-Familie, ein Einkommen von zweihundert vierzig Tausend Euro im Jahr, ein Zwei-Millionen-Euro-Haus, das Aussehen eines Athleten, einen Haufen Freunde, ein eigenes Fußballteam und einen Mercedes Maybach mit Chauffeur. Hochgesteckte Ziele zu haben, ist nicht verkehrt, solange sie erreichbar sind. Ich habe mir selbst auch hohe Ziele gesetzt, und als Folge diese internalen Repräsentationen konnte ich die Verhaltensweisen entwickeln, die mir dazu verholfen haben, sie zu erreichen.

Doch in gleichem Maße, wie sich Ziele und Werte verändern, verändern sich auch die Erfüllungskriterien. Meistens ist es lohnender, wenn man auch mittelfristige Ziele hat, auf die man zusteuern kann. Denn diese geben Dir Feedback darüber, dass Du Deinen Träumen näher kommst. Manche werden durch das Ziel, absolut durchtrainiert zu sein, ein 2 Millionen-Euro-Haus zu besitzen und einen Maybach zu fahren, optimal motiviert. Andere brauchen zuerst die Erfahrung, dass sie 10 Kilometer laufen, sich an eine Diät halten oder ein Zweihundert-Tausend-Euro-Haus besitzen zu können, um an ihren Erfolg zu glauben. Wenn sie diese Ziele erreicht haben, können sie sich wieder neue Ziele setzen. Du kannst immer noch sehr hoch gesteckte Ziele verfolgen, aber Du wirst mehr Befriedigung daraus gewinnen, wenn Du zunächst die vorherigen Ziele erreicht hast.

Ein anderer Aspekt der Erfüllungskriterien ist Deine Spezifität bzw. Spezialisierung. Wenn für Dich eine Liebesbeziehung wichtig ist, könnte Dein Erfüllungskriterium dafür ein Verhältnis mit einem attraktiven und liebevollen Partner sein. Das ist sicher ein Ziel, das sich zu verfolgen lohnt. Vielleicht hast Du sogar eine deutliche Vorstellung von dem Aussehen und dem Wesen. Auch das wäre in Ordnung. Jemand anderer wünscht sich vielleicht ein stürmisches Liebesabenteuer mit einem wunderschönen Menschen. Nur das genau könnte diesen Menschen zufrieden stellen. Es ist nicht verkehrt, ein solches Ziel zu haben, doch Du könntest leicht enttäuscht werden, wenn Du Deine Werte mit einem Bild verbindest, das allzu spezifisch und detailliert ist. Denn Du lässt dabei 90% der Menschen, Dinge oder Erfahrungen außer acht, die Deine Werte erfüllen könnten. Das soll nicht heißen, dass Du solche Ziele nicht erreichen kannst, doch mit flexiblen Erfüllungskriterien wird es Dir leichter fallen, Deine Wünsche und Werte zu verwirklichen.

Die Bedeutung der Flexibilität zeigt sich allenthalben. Du erinnerst Dich, dass in jedem Kontext das System der großen Flexibilität, mit den meisten Wahl- und Handlungsmöglichkeiten, stets am effektivsten sein wird. Es ist wichtig, zu wissen, dass Werte eine vorrangige Bedeutung für uns haben, und dass wir ihre Bedeutung durch die Erfüllungskriterien repräsentieren, die wir wählen. Wir können uns eine so detaillierte Karte von der Welt anfertigen, dass sie Enttäuschungen geradezu herausfordert. Viele von uns tun das. Wir sagen, Erfolg sieht genau so und so aus und eine gute Zweierbeziehung hat genau so und so zu sein. Doch ein System ohne ausreichende Flexibilität kann keinen Erfolg haben.

Die schmerzlichen Fragen, mit denen sich der Mensch auseinanderzusetzen hat, betreffen gewöhnlich seine Werte. Manchmal ziehen uns zwei verschiedene Werte – wie zum Beispiel Freiheit und Liebe – in entgegengesetzte Richtungen. Freiheit kann bedeuten, jederzeit das tun zu können, was man gern tun möchte. Liebe kann bedeuten, sich einem Menschen sehr verbunden zu fühlen. Die meisten von uns kennen diesen Konflikt. Es ist kein sehr angenehmer Zustand. Daher ist es außerordentlich wichtig, dass wir unsere wichtigen Werte kennen, um das Verhalten wählen zu können, dass sie unterstützt. Wenn wir es nicht tun, werden wir später den Preis dafür zahlen müssen, dass wir nicht das getan haben, was nötig war um die wichtigsten Ziele in unserem Leben zu erreichen.

Verhaltensweisen, die mit unserem höherrangigen Werten gekoppelt sind, werden sich gegenüber Verhaltensweisen, die mit niedriger eingestuften Werten verbunden sind, durchsetzen.

Es gibt kaum etwas, das so unangenehm ist, als wenn uns zwei unserer Werte in entgegengesetzte Richtungen führen. Das schafft eine ungeheuer starke Inkongruenz, die, wenn sie länger anhält, Beziehungen zerstören kann. Mann kann nämlich den einen Wert so verwirklichen – zum Beispiel seine Freiheit ausleben – dass dadurch der andere Wert Schaden nimmt. Man kann versuchen, sich anzupassen – zum Beispiel den eigenen Freiheitsdrang zu unterdrücken – bis man schließlich frustriert ist, und die Beziehung in die Brüche geht. Oder man erlebt, da man die eigenen Werte nicht kennt und versteht, ständig Frustration und ein dumpfes Unbehagen; bald beginnen die Gefühle alle unsere Erfahrungen zu überschatten, bis sie ein Teil von uns sind, und wir unsere Unzufriedenheit durch übermäßiges Essen, Rauchen und ähnliches lindern versuchen.

Wenn Du nicht weißt wie Werte wirken, wird es Dir schwer fallen, ein guten Kompromiss zu finden. Doch wenn Du es weißt, brauchst Du weder Deine Beziehung noch Deinen Wunsch nach Freiheit auf zu geben. Es genügt, wenn Du Deine Erfüllungskriterien veränderst. Als Du noch Teenager warst, bedeutete Freiheit vielleicht für Dich, wie ein umjubelter Rockstar zu leben. Doch vielleicht bietet Dir die Befriedigung und Freude, die Dir eine liebevolle Beziehung zu einem einzigen Partner Freiheit erlebbar macht, als eine Fülle flüchtiger Beziehungen. Das ist im wesentlichen der Prozess des Reframing, bei dem eine Erfahrung so verarbeitet wird, dass kongruentes Verhalten möglich macht. Manchmal entsteht die Inkongruenz nicht durch die Werte selbst, sondern durch die Erfüllungskriterien für verschiedene Werte. Erfolg und Spiritualität müssen nicht unbedingt Inkongruenz schaffen. Du kannst großen Erfolg haben und trotzdem Deinen spirituellen Interessen nachgehen. Doch was geschieht, wenn bei Dir der Nachweis für Erfolg darin besteht, eine große Villa zu besitzen, und der Nachweis nach Deiner Spiritualität darin, ein einfaches und bescheidenes Leben zu führen? Entweder musst Du Deine Erfüllungskriterien neu definieren oder Deine Wahrnehmungen reframen, weil Du sonst in einen unauflöslichen Konflikt geraten wirst. In diesem Zusammenhang ist es vielleicht nützlich, sich an W. Mitchell zu erinnern, der daran glaubte, dass er sein Schicksal und die Umstände, die sein Leben einschränkten, dazu nutzen könne, ein erfolgreiches und glückliches Leben zu führen. Es gibt nicht notwendigerweise eine zwangsläufige Verbindung zwischen zwei Faktoren. Für ihn bedeutete gelähmt zu sein nicht, unbedingt auch unglücklich sein zu müssen. Viel Geld zu besitzen, heißt nicht, auf spirituelle Interessen verzichten zu müssen, ein bescheidenes Leben allein ist noch kein Beweis dafür, dass man auf dem spirituellen Weg ist.

Die Wirkung von Werten kann man am besten nutzen, wenn man sie mit Metaprogrammen kombiniert. Werte sind Muster, die unsere Wahrnehmungen und unser Verhalten steuern. Wenn Du weißt, wie beide in Übereinstimmung zu bringen sind, kannst Du sehr präzise Motivationsmuster entwickeln.

Du siehst also, welchen Einfluss Werte haben können, und wie wertvoll sie als Instrument für eine Veränderung ist. In der Vergangenheit hast Du vorwiegend unbewusst auf Deine Werte reagiert. Jetzt hast Du die Möglichkeit, sie zu verstehen und sie zu Deinem Vorteil zu nutzen. Es gab eine Zeit, als wir nicht wussten, was ein Atom ist, und uns daher seine unglaubliche Macht auch nicht zunutzen machen konnten. Das gleiche trifft auf Werte zu. Jetzt, nachdem wir sie uns bewusst gemacht haben, sind wir zu unglaublichen Leistungen in der Lage. Wir haben mit einem Mal Möglichkeiten, die wir uns vorher nicht erträumt hätten. Vergesse aber nicht – Werte sind Glaubensgrundsätze, die umfassende Wirkung haben. Indem wir also unsere Werte beeinflussen – sei es, indem wir innere Konflikte lösen oder die Wirkung positiver Werte verstärken – können wir tiefgreifende Veränderungen in unserem Leben erreichen.

Anstatt durch Wertekonflikte, die wir bisher kaum verstehen

könnten, belastet zu sein, wissen wir jetzt, was in uns oder zwischen uns und anderen vor sich geht, und können neue Ziele erreichen. Wir können unsere Erfüllungskriterien ändern, indem wir die Submodalitäten manipulieren, wie wir es im Verlauf des Buches immer wieder getan haben. Wenn Werte miteinander in Konflikt stehen, liegt die Schwierigkeit häufig in einem von mehreren Erfüllungskriterien. Wir können das Bild und den Ton so reduzieren, dass der Konflikt kaum mehr wahrzunehmen ist. In manchen Fällen können wir sogar die Werte selbst verändern. Wenn Du einen Wert hast, von dem Du willst, dass er in der Rangordnung weiter oben steht, könntest Du seine Submodalitäten so verändern, dass die den über im rangierenden Werten mehr ähneln. In den meisten Fällen ist es viel leichter und wirksamer, solche Umwandlungen mit Hilfe der Submodalitäten durch zu führen. Auf diese Weise könntest Du die Bedeutung von Werten verändern – indem Du sie auf eine neue Art und Weise repräsentierst.

Die meisten von uns haben einige Werte, die miteinander in Konflikt stehen. Wir wollen uns einsetzen und die Welt erobern, und wir wollen am Strand liegen und uns sonnen; wir wollen unsere Zeit mit unserer Familie verbringen, und wir wollen hart arbeiten, um im Beruf Erfolg zu haben. Wir wollen Sicherheit, und wir wollen Abenteuer. Ein gewisses Maß an Wertkonflikten ist unvermeidbar; es verleiht dem Leben sogar Reiz und Spannung. Problematisch wird es erst, wenn wir von grundlegenden Werten in verschiedene Richtungen gezogen werden. Wenn Du dieses Kapitel zu gelesen hast, solltest Du einen Blick auf Deine Wertehierarchie und Deine Erfüllungskriterien werfen, um zu erfahren, wo in Deinem Fall die Konflikte liegen. Sie klar zu erkennen, ist der erste Schritt zu ihrer Aufklärung.

Werte sind sowohl für die Gesellschaft als Ganzes wie auch für Einzelpersonen von größter Bedeutung. In den vergangenen Jahren war das auch in der EU zu sehen, wie eine europäische Währung, durch unterschiedliche Wertvorstellung ganz Europa spaltete. Banken, Länder, Politiker und die Bürger jeder hat unterschiedliche Werte und Vorstellungen zu dem Thema. Wo das noch hinführt weiß noch keiner, doch durch die unterschiedlichen Werte und Eigeninteressen birgt das Thema noch ein hohes Konfliktpotenzial! In dieser Entwicklung ist eine nützliche Lektion für uns alle enthalten.

Die Werte der Menschen ändern sich. Wir ändern uns, solange wir leben. Es ist wichtig, sich dieser ständigen Veränderung bewusst zu sein und mit ihr Schritt zu halten. Denke an das Beispiel mit den Menschen, die auf ein einziges Ziel fixiert geblieben sind, nur um fest zu stellen, dass dieses irgendwann einmal nicht mehr ihren Werten entspricht. Viele von uns befinden sich gelegentlich in dieser Situation. Das lässt sich vermeiden, indem wir uns unserer Werte und Erfüllungskriterien bewusst machen.

Mit einem gewissen Maß an Inkongruenz müssen wir leben. Das ist Teil der menschlichen Existenz. Genau wie manche Gesellschaften Zeiten der Veränderung durchmachen, wie etwa die westlichen Länder in den sechziger Jahren, so erlebt der einzelne Mensch solche Zeiten der Veränderung. Aber wenn wir wissen, was um uns herum und in uns vor sich geht, können wir viel besser mit diesen notwendigen Veränderungen umgehen. Wenn wir eine Inkongruenz wahrnehmen, sie aber nicht verstehen, werden wir häufig das Falsche tun. Wir werden zur Zigarette oder zur Flasche greifen oder das tun, was wir gewöhnlich tun, um mit Frustrationen fertig zu werden, die wir uns nicht erklären können. Um mit Wertekonflikten umgehen zu lernen, muss man sie zunächst einmal verstehen. Die absolute Erfolgsformel gilt genauso für Werte wie für alles andere. Du musst wissen, was Du willst – Du musst Deine höchsten Werte und Deine Werthierarchie kennen. Du musst: „Einfach tun". Du musst Deine Sinne schärfen, um die Ergebnisse erkennen zu können, die Du erzielst, und Du musst die für die Veränderung nötige Flexibilität entwickeln. Wenn Deine gegenwärtigen Verhaltensweisen und Werte nicht angemessen sind, musst Du Dein Verhalten ändern, um den Konflikt zu lösen.

Und noch ein letzter Punkt, den wir in Betracht ziehen müssen. Vergesse Du nicht: Wir modellieren andauernd. Unsere Kinder, unsere Angestellten und unsere Geschäftspartner modellieren uns auf verschiedene Weise. Wenn wir gute Vorbilder seine wollen, gibt es nichts Wichtigeres, als für seine Werte ein zu treten und kongruent zu handeln. Verhalten zu modellieren ist wichtig, aber Werte sind entscheidend. Wenn Du ein Vorbild der Hingabe sein willst, während Dein Leben Unglück und Verwirrung widerspiegelt, dann werden alle, die in Dir ein Vorbild sehen, Hingabe mit Unglück und Verwirrung in Zusammenhang bringen. Wenn Du für Hingabe eintrittst und Dein Leben Erfüllung und Freude widerspiegelt, dann lieferst Du ein stimmiges Vorbild, in dem Hingabe und Freude miteinander verbunden sind.

Erinnerst Du Dich an die Menschen, die Du im Leben am meisten beeinflusst hast. Wahrscheinlich waren sie als Modelle so kongruent, dass ihre Werte und Verhaltensweisen für uns die überzeugendsten Erfolgsrezepte abgaben. Die wichtigsten Geisteswerke in der Geschichte, mit der stärksten Motivationskraft, wie die Bibel etwa, befassen sich mit nichts so sehr wie mit Werten. Die Geschichten, die sie erzählen, die Situationen, die sie beschreiben, enthalten Modelle, die das Leben der Menschen bereichert haben, die sie für sich übernommen haben.

Wenn man wissen will, welche Werte jemand hat, genügt es, heraus zu finden, was für ihn am wichtigsten ist. Wenn man das weiß, hat man zugleich auch ein genaueres Verständnis seiner Bedürfnisse.

Kapitel 24. Die 5 Einfach-tun-Schlüssel zu Reichtum und Glück

Du verfügst nun über die Mittel, Dein Leben als Volltreffer in die Hand zu nehmen. Du hast die Fähigkeit, Deine internalen Repräsentationen selbst zu formen und die Zustände zu erzeugen, die zu Erfolg und Power führen. Doch allein der Besitz dieser Fähigkeit genügt noch nicht, man muss sie auch anwenden. Es gibt Erfahrungen, die immer wieder ressourcearme Zustände erzeugen. Es gibt immer wieder Hindernisse, die wir zu bewältigen haben. Es gibt Einflüsse, die uns daran hindern, all das zu sein, was wir sein können. In diesem Kapitel möchte ich Dir zeigen, wie Du aus Steinen die Dir in den Weg gelegt werden – was Schönes baust.
Wenn Du alle Fähigkeiten anwenden wolltest, die Du jetzt besitzt, wenn Du all das sein willst, was Du sein kannst, dann musst Du zuerst diese Schlüssel kennen. Jeder Mensch, der Erfolg hat, muss sie früher oder später verstehen. Wenn Du gelernt hast, mit ihnen um zu gehen, wird Dein Leben unerhört erfolgreich sein.

Wenn Du das Beste vom Leben erwartest, dann bekommst Du es auch!

Ich werde Dir nun 5 Dinge nennen, die Dir als Wegweiser zum Erfolg dienen kann. Diese sind weder tiefgründig noch schwerverständlich, aber absolut entscheidend. Wenn Du sie beherrscht, gibt es kaum Grenzen für das, was Du erreichen kannst.

Wenn Du sie nicht verwendest, hast Du bereits selbst die Grenzen Deiner Möglichkeiten festgesetzt. Affirmationen und positives Denken sind ein Anfang, aber sie sind noch nicht genug. Affirmationen ohne Disziplin sind eine Selbsttäuschung. Affirmationen in Verbindung mit Disziplin schaffen Wunder.

A. Du musst lernen mit Rückschlägen und Frustrationen um zu gehen

Wenn Du all das werden willst, was Du werden könntest. All das tun willst, was Du tun könntest. All das Hören willst, was Du hören könntest. Dann musst Du lernen mit Rückschlägen und Frustrationen um zu gehen. Rückschläge und Frustration können Träume zerstören. Dafür gibt es zahllose Beispiele. Sie können aber auch eine positive Einstellung in eine negative, einen produktiven

Zustand in einen lähmenden verwandeln. Das Schlimmste was eine negative Einstellung bewirken kann, ist dass sie die Selbstdisziplin zerstört. Wenn die Selbstdisziplin verloren ist, dann sind auch alle Ziele, die Du anstrebst verloren.

Um also dauerhaften Erfolg zu haben, musst Du lernen, Deine Rückschläge und Frustrationen zu beherrschen. Glaube mir, Rückschläge und Frustrationen sind der Schlüssel zum Erfolg! Wenn Du Dir große Erfolge genauer anschaust, wirst Du feststellen, dass bei fast allen irgendwann große Frustrationen im Spiel waren. Jeder, der Dir was anderes erzählt, weiß nicht, wovon er redet. Es gibt zwei Arten von Menschen – solche, die mit Frustrationen und Rückschlägen fertig geworden sind, und solche, die sich wünschen dass es ihnen gelungen wäre.

Jeder kennt Walt Disney und die Zeichentrickfilme mit Mickey Mouse, Donald und Dagobert Duck. Doch das Walt Disney über 100 Banken abklappern musste, das er den Kredit für dieses Milliardenunternehmen bekommen hat, das kann sich heute keiner mehr vorstellen.

Ein großer Unterschied zwischen Menschen, die finanziell abgesichert sind und denen, die es nicht sind, liegt an der Art, wie sie mit Frustrationen und Rückschlägen umgehen. Ich will nicht behaupten, dass Armut nicht Frustrationen mit sich bringt. Ich sage nur, dass der Weg aus der Armut heraus darin besteht, mehr und mehr Frustrationen zu überwinden, bis man das Ziel erreicht. Es heißt, dass Leute mit Geld keine Probleme haben. Ich glaube eher, dass sie mehr Probleme haben. Nur wissen sie, wie sie mit ihnen umgehen müssen, wie sie neue Strategien anwenden, neue Alternativen ausprobieren können, um mit ihnen fertig zu werden. Reich sein bedeutet nicht nur, Geld zu haben. Auch eine gute menschliche Beziehung bringt Probleme und Herausforderungen mit sich. Wenn Du keine Probleme haben willst, solltest Du keine Beziehungen eingehen. Auf dem Weg zu jedem großen Erfolg gibt es eine Fülle von Frustrationen und Rückschlägen zu überwinden – im Geschäftsleben, in partnerschaftlichen Beziehungen, im Leben überhaupt.

Das größte Präsent, das wir der Technik der Erfolgsmaximierung, besteht darin, dass uns diese Methode zeigt, wie wir effektiv mit Frustrationen und Rückschlägen umgehen können. Du könntest etwas, das Dich bis jetzt immer frustriert hat, so umprogrammieren, dass es Dir als Herausforderung erscheint. Methoden wie das NLP, sind nicht bloß eine andere Variante des positiven Denkens. Der Nachteil beim positiven Denken ist, dass Sie erst einmal daran denken müssen, und häufig ist es dann schon zu spät, das zu tun, was Du tun willst.

Das NLP bietet die Möglichkeit, Stress in Möglichkeiten zu verwandeln. Du weißt bereits, wie Du Bilder, die Dich früher deprimiert haben, zum Verblasen und Verschwinden bringen oder so verändern kannst, das Du Dich in einem positiven Zustand bringst. Das ist nicht schwer. Du weißt schon, wie das geht.

Hier das 2 Schritte-Einfach-tun-Programm:

1. Regen Dich nicht so über Kleinigkeiten auf!
2. Denke daran: Es gibt nur Kleinigkeiten!

Alle erfolgreichen Menschen haben die Erfahrung gemacht, dass Erfolg am Ende eines frustrationsreichen Weges liegt. Leider kommen viele nie dort an. Menschen, die ihre Ziele nicht erreichen, haben sich meistens durch Frustrationen und Rückschläge entmutigen lassen. Sie lassen sich von Frustrationen und Rückschlägen davon abhalten, das zu tun, was nötig ist, um ihr Ziel zu erreichen. Du kannst diese Hindernisse überwinden, indem Du Frustrationen einsteckst und Rückschläge als Feedback auffasst, aus dem Du lernen kannst. Ich glaube kaum, dass Du einen erfolgreichen Menschen finden wirst, der diese Erfahrung nicht gemacht hat.

B. Lerne Du mit Ablehnung und Zurückweisung um zu gehen.

Gibt es ein Wort, das einen spitzeren Stachel hat als ein einfaches >Nein<? Was macht für einen Verkäufer den Unterschied zwischen 100 und 15.000 € Umsatz aus? Der wichtigste Unterschied besteht darin, zu lernen, wie man mit Ablehnung fertig wird, sich von der Angst davor befreit und sich durch Ablehnung und Zurückweisung nicht davon abhalten lässt, immer wieder etwas zu unternehmen. Die besten Verkäufer sind immer die mit den meisten Misserfolgen. Sie nehmen ein >Nein< als Ansporn, um daraus ein >Ja< zu machen.

N och
E in
I mpuls
N ötig

Für Menschen unserer Kultur stellt der Umgang mit dem Wörtchen >NEIN< eine enorme Schwierigkeit daran. Erinnerst Du Dich noch an die Frage, die ich Dir schon einmal gestellt habe? Was würdest Du tun, wenn Du wüsstest, das es keinen Misserfolg geben würde? Denke darüber nochmal nach. Würdest Du Dein Verhalten ändern, wenn Du wüsstest, das Du keinen Misserfolg haben kannst? Wärst Du dann in der Lage, genau das zu tun, was Du tun könntest? Was hält Dich dann davon ab, es zu tun? Es ist dieses kleine Wörtchen >nein<.

Um Erfolg zu haben, musst Du lernen, mit Ablehnungen fertig zu werden, und ihnen die Macht zu nehmen, die sie über Dich haben.

Kennst Du Rambo? **Sylvester Stallone**? Glaubst Du, er hätte einfach an die Tür eines Agenten oder Filmstudio geklopft, und man hätte ihm gesagt: „Hey, Sie haben einen tollen Körper. Sie sind engagiert!"? Bestimmt nicht. Sylvester Stallone hatte Erfolg, weil er fähig war, eine Ablehungen nach der anderen hin zu nehmen. Bevor er Karriere machte, wurde er über tausend mal abgewiesen. Er ging zu jedem Agenten, den er in New York auftreiben konnte, und alle sagten: „Nein." Doch er machte weiter, er versuchte es immer wieder bis er schließlich die Hauptrolle in dem Film **ROCKY** spielte. Wie auch in seinen Rocky-Filmen, musste er erst viele Niederschläge hinnehmen und dann ein wahrer Champion zu werden, wie auch im wahren Leben.

Wie oft kannst Du ein >NEIN< vertragen?

Wie oft hast Du schon den Wunsch gehabt, jemanden an zu sprechen, den Du anziehend fandest, und es dann nicht getan hast, weil das Wörtchen >nein< nicht hören wolltest? Wie oft hast Du schon beschlossen, sich nicht für eine Stelle zu bewerben oder ein Telefongespräch zu führen oder eine Forderung nicht zu stellen, weil Du nicht zurückgewiesen werden wolltest? Denke doch jetzt bitte einmal darüber nach, wie verrückt das ist?

Bedenke welche Einschränkungen Du hinnehmen musstest, weil Du die Angst vor dem >Nein< gehabt hast? Das Wort selbst besitzt keine Macht. Es kann Dir nichts tun und Dir die Kraft nehmen. Seine Macht verdankt es den Einschränkungen, die Du selbst errichtest, und Einschränkungen in Gedanken führen zu Einschränkungen in der Wirklichkeit.

Wenn Du also lernst, Dein Gehirn zu steuern, kannst Du auch lernen, mit Ablehnungen um zu gehen. Du kannst sogar einen Anker einrichten, der es Dir ermöglicht, sich durch das Wörtchen >nein< ermutigt zu fühlen. Du kannst jede Ablehnung in eine Chance um zu wandeln. Wenn Du Verkaufsgespräche am Telefon führst, dann kannst Du Dich so ankern, das Du schon allein mit dem Griff nach dem Hörer in einen ressourcevollen Zustand zu versetzen und so die Angst vor einer möglichen Ablehnung zu verlieren. Vergesse nicht: Der Weg zum Erfolg ist mit Zurückweisungen gepflastert.

Es gibt keinen wirklichen Erfolg ohne Ablehnung. Je öfter Du zurückgewiesen worden bist, um so besser wirst Du. Um so mehr lernst Du, Deinen Zielen immer näher zu kommen. Das nächste Mal, wenn Dir jemand etwas ablehnt, kannst Du noch freundlicher zu ihm sein. Das wird seine Physiologie verändern. Erwidere einem >Nein< mit Freundlichkeit. Wenn Du mit Zurückweisungen um zu gehen lernst, kannst Du alles erhalten, was Du Dir wünscht.

C. Lerne Du mit finanziellem Druck um zu gehen.

Der einzige Weg, ohne finanziellen Druck zu leben, besteht darin, ganz auf Geld zu verzichten. Es gibt viele Formen finanziellen Drucks, und viele Menschen sind darunter zusammen gebrochen. Dieser Druck kann zu Habgier, Neid, Hinterlist oder Paranoia führen. Er kann Dir Deine Sensibilität und Deine Freunde nehmen. Ich möchte jedoch betonen: Finanzieller Druck kann all das bewirken, er muss es jedoch nicht in jedem Fall. Mit finanziellem Druck umgehen zu könne, bedeutet zu wissen, wie man etwas bekommen kann und wann man etwas geben muss, zu wissen, wie man verdient, und zu wissen, wie man spart.

Wahrscheinlich bekommst Du auch täglich diesen Druck zu spüren. Die meisten Menschen kennen ihn. Ganz gleich, ob Du viel oder wenig Geld hast – Du stehst immer unter finanziellen Druck.

Alles was wir im Leben tun, wird von unserer persönlichen Philosophie geleitet, von unseren inneren Repräsentationen darüber, wie wir handeln sollen. Sie liefern uns die Modelle für unser Verhalten. George S. Clason hat in seinem Buch „The Richest Man in Babylon" ein großartiges Modell dafür geliefert, wie man mit finanziellem Druck umgehen kann. Es ist ein wirklich lesenswertes Buch. Es ist ein Buch, das Dir Wohlstand, Glück und Begeisterung bescheren kann. Das Wichtigste, was ich aus diesem Buch gelernt habe, ist dass man zehn Prozent von allem, was man verdient, fort geben soll.

Es stimmt! Warum? Ein Grund dafür ist, dass man zurück geben sollte, was man bekommen hat. Ein anderer Grund ist, dass dadurch Werte für einen selbst und für andere geschaffen werden. Doch der wichtigste Grund ist, dass Du damit der Welt und Deinem Unterbewussten signalisierst, dass mehr als genug vorhanden ist. Und das ist ein Glaube, den man unbedingt pflegen sollte. Wenn mehr als genug da ist, bedeutet das, dass Du haben kannst, was Du willst, und dass andere auch haben können was sie wollen. Wenn Du an diesem Gedanken fest hälst, wirst Du ihn verwirklichen können.

Wann beginnst Du damit 10 Prozent Deiner Einkünfte ab zu geben? Wenn Du reich und berühmt bist? Nein. Du solltest es tun, wenn Du gerade am Anfang stehst. Denn was Du abgibst, wir wie ein Sandkorn sein. Du musst es investieren, nicht aufessen, und die beste Möglichkeit, es zu investieren ist, es weg zu geben, so dass es für andere Werte schaffen kann. Du wirst keine Mühe haben, einen Weg zu finden. Es gibt Gelegenheiten und Möglichkeiten genug. Einer der größten Gewinne dabei ist das Gefühl, das es Dir vermitteln wird. Wenn Du jemand bist, der sich bemüht, die Bedürfnisse anderer Menschen auf zu spüren und zu befriedigen, dann wirst Du Dich selbst mit anderen Augen sehen und Du wirst ein Gefühl der Dankbarkeit dem Leben gegenüber spüren.

Nachdem Du 10 Prozent Deines Einkommens weggegeben hast, nutze Du weitere 10 Prozent, um Deine Schulden ab zu bezahlen, und weitere 10 Prozent, um Dein Kapital auf zu stocken, indem Du es anlegst.

Du solltest mit 70 Prozent von dem, was Du verdienst auskommen. Wir leben in einer kapitalistischen Gesellschaft, in der die meisten

Mitglieder keine Kapitalisten sind. Folglich können sie nicht den Lebensstil führen, den sie sich wünschen. Wozu in einer kapitalistischen Gesellschaft leben, umgeben von einer Fülle von Möglichkeiten, und nicht die Vorteile des Systems nutzen? Lerne Du, Dein Geld als Kapital zu nutzen. Wenn Du es aufgibst, wirst Du nie Kapital besitzen. Du wirst nie die Ressourcen haben, die Du benötigst.

Das Fazit der bisherigen Ausführungen ist, dass es sich mit Geld wie mit allem anderen verhält. Du kannst es für Dich arbeiten lassen, oder Du kannst es gegen sich arbeiten lassen. Du solltest fähig sein, in Deinen Gedanken mit Geld genauso zielorientiert und elegant um zu gehen wie mit allem anderen auch.

Lerne Du, es zu verdienen, es zu sparen und es aus zu geben. Wenn Du das kannst, wirst Du auch lernen, mit finanziellem Druck um zu gehen, und dann wird Geld für Dich nie wieder ein Auslöser für negative Zustände sein.

Wenn Du mit den ersten 3 Schlüsseln (A./B./C.) umgehen kannst, wirst Du in Deinem Leben bereits als erfolgreich empfinden. Wenn Du Frustration, Ablehnung und finanziellen Druck bewältigen kannst, bist Du in keine Grenzen mehr gesetzt.

Hast Du schon mal Tina Turner auf der Bühne gesehen? Sie hat diese 3 Punkte großartig gemeistert. Nachdem sie ein Star geworden war, ging ihre Ehe in die Brüche, sie verlor ihr ganzes Geld und arbeitete acht Jahre im Fegefeuer des Showgeschäfts – in Hotels und billigen Nachtclubs. Keine Plattenfirma beantworte ihre Telefonanrufe, oder machte ihr auch Hoffnungen auf einen Schallplattenvertrag. Doch sie gab nicht auf, sie schob jedes >Nein< auf die Seite, arbeitete weiter, um ihre Schulden ab zu bezahlen und ihre Finanzen in Ordnung zu bringen. Am Ende stand sie wieder ganz oben, an der Spitze des Showgeschäfts. Du kannst alles erreichen!

D. Lerne Du Bequemlichkeit, Gewohnheiten und Routinen zu vermeiden.

Du kennst gewiss Menschen – seien es Geschäftsleute, Sportler und Künstler – die einen gewissen Erfolg erreichen und dann nicht mehr weiterkommen. Sie werden bequem und verlieren das, was ihnen den Erfolg anfangs ermöglicht hat.

Bequemlichkeit kann einer der verhängnisvollsten Zustände sein, die man haben kann. Was geschieht, wenn ein Mensch bequem wird? Er hört auf, sich zu entwickeln, hört auf zu arbeiten, hört auf, neue Werte zu schaffen. Werde Du nicht allzu bequem. Wenn Du mit allem rundherum zufrieden bist, besteht die Gefahr, dass Du aufgehört hast, Dich weiter zu entwickeln. Entweder man klettert, oder man rutscht ab. Ray Kro, der Gründer der McDonald`s-Imbisskette, wurde einmal gefragt, ob er einen Ratschlag geben könne, der lebenslangen Erfolg garantiere. Er sagte, es genüge, sich folgendes zu merken: „Was grün ist, wächst, was reif ist verdirbt." Solange man >grün< bleibt, wächst man. Du kannst jede Erfahrung für Deinen Aufstieg oder für Deinen Abstieg nutzen. Du kannst Deine Pensionierung als den Anfang eines reicheren Lebens ansehen, oder Du kannst sie als Ende Deines Arbeitslebens betrachten.

Du kannst Erfolg als ein Sprungbrett für größere Dinge ansehen, oder Du kannst sich auf ihm ausruhen. Wenn Du ihn jedoch als Ruhebett betrachtest, wirst Du ihn wahrscheinlich nicht lange halten können. Eine Art der Bequemlichkeit entsteht durch den Vergleich mit anderen. Lerne Dich nach Deinen eigenen Maßstäben zu beurteilen, anstatt nach den Erfolgen Deiner Bekannten. Warum? Weil Du immer Leute finden wirst, hinter deren Misserfolgen Du Dich verbergen kannst.

Hast Du das nicht manchmal als Kind getan? Hst Du nicht gesagt: „Die anderen machen es auch, warum darf ich es nicht?" Wahrscheinlich hat Deine Mutter geantwortet: „Es ist mir völlig egal, was die anderen tun", und sie hatte recht damit. Du solltest Dich nicht darum kümmern, was andere tun. Kümmere Dich darum, was Du tun kannst und was Du tun willst. Setze Dich bitte dynamisch, entwicklungsfähig, für weiterführende Ziele, die Dir helfen, das zu tun, was Du selbst tun willst, und nicht das, was andere getan haben. Es wird immer jemanden geben, der mehr hat als Du. Es wird auch immer jemanden geben, der weniger hat. Beides ist unwichtig. Du musst Dich nach Deinen eigenen Maßstäben beurteilen, und nach sonst gar nichts.

Es gibt noch einen anderen Weg, um Bequemlichkeit zu vermeiden. Halte Dich von >Kaffee-Kränzchen-Show-Seminaren< fern. Du weißt von was ich rede – von den Veranstaltungen, bei denen die Arbeitsgewohnheiten, das Geschlechtsleben, der finanzielle Status und alles, was andere Menschen sonst noch in ihrem Privatleben tun, unter die Lupe genommen werden. Diese Seminare sind reinster Selbstmord und vergiften das Gehirn, indem sie Dich dazu bringen, Deine Aufmerksamkeit auf das Privatleben anderer zu konzentrieren, anstatt darauf, was Du tun kannst, um Deine Lebenserfahrungen zu bereichern. Von solchen Seminaren lässt man sich nur allzu leicht einfangen, aber man darf dabei nicht vergessen, dass es nur dazu dient, sich von der Langeweile ab zu lenken, die entsteht, weil man unfähig ist, das zu erreichen, was man sich in seinem Leben wünscht.

Rolling Thunder, ein indischer Weiser, hat einmal gesagt: „Sprich nur, wenn Du einen guten Grund hast." Ein guter Rat! Denn was wir geben, kommt zu uns zurück. Ich rate Dir also, sich von den Mülltonnen dieser Welt fern zu halten. Gebe Dich nicht mit kleinen Dingen ab! Wenn Du bequem und mittel mäßig sein willst, verbringe ruhig Deine Zeit damit, darüber zu klatschen, wer mit wem ins Bett geht. Wenn Du aber etwas Besonderes erreichen willst, dann musst Du Dich selbst herausfordern, Dich selbst prüfen, um das aus Deinem Leben zu machen, was Du Dir wünscht.

E. Lebe frei nach dem englischen Ausdruck „More than you expect! Gebe immer mehr als die anderen zurück erwarten!"

Das kann der wichtigste Schlüssel sein, und ein Grundsatz mit einer Garantie für wahres Glück.

Wenn Du etwas aus Deinem Leben machen willst, dann musst Du lernen, zu geben. Die meisten Menschen denken über nichts anderes nach, als darüber, wie sie etwas bekommen können. Das ist keine Schwierigkeit. Doch es ist wichtig, dass man beginnt zu geben, um den Prozess in Gang zu setzen. Das Problem ist, dass die meisten immer zuerst etwas haben wollen.

Säe erst den Samen, und dann gebe der Pflanze Zeit zu wachsen!

Was würde passieren, wenn Du zur Erde sagen würdest: „Gib mir Früchte. Gib mir Pflanzen?" Sie würde wahrscheinlich antworten: „Entschuldigen Sie bitte, ein Herr, aber ich glaube, Sie sind ein bisschen durcheinander. Sie müssen sich an die Spielregeln halten." Dann würde sie Dir erklären, dass Du zuerst den Samen legen musst. Dann musst Du Dich um ihn kümmern, ihn bewässern und den Boden locker halten, ihn düngen, schützen und pflegen. Dann, wenn Du alles richtig gemacht hast, wirst Du irgendwann einmal Deine Pflanze oder Deine Frucht erhalten. Du kannst Forderungen ohne Ende an die Erde stellen, aber das würde nichts ändern Du musst immer wieder geben, den Boden mit Nahrung versorgen, damit er Früchte trägt. Ganz genauso ist es im Leben.

Du kannst eine Menge Geld verdienen. Du kannst ein Königreich regieren, große Geschäfte tätigen oder riesige Ländereien besitzen. Doch wenn Du es nur für Dich selbst tust, ist es kein wirklicher Erfolg. Dann hast Du keine wirkliche Macht. Dann bist Du nicht wirklich reich. Wenn Du auf diese Weise den Gipfel des Erfolgs erklimmen willst, wirst Du wahrscheinlich schon bald wieder herunterkommen.

Weißt Du was die größte Illusion in Bezug auf Erfolg ist? Dass er wie ein hoher spitzer Berg ist, den man besteigt, dass er eine Sache ist, die man besitzt, oder ein statisches Ziel ist, das man erreichen kann. Wenn Du Erfolg als ein Prozess verstehst, als eine Art zu leben, eine Art zu denken, eine Lebensstrategie. Du musst wissen, was Du hast, und Du musst die Gefahren kennen, die Dir begegnen können. Wenn Du wahren Reichtum und wahres Glück erleben willst, musst Du die Fähigkeit haben, Deine Macht auf verantwortungsvolle und liebevolle Weise an zu wenden.

Wenn Du jetzt die 5 Schlüssel richtig anwendest, dann kannst Du alles erreichen und wunderbare Dinge leisten.

Kapitel 25. Erfolg: Das Volltreffer-Leben als Herausforderung

Wir sind jetzt gemeinsam einen langen Weg gegangen. Ob Du noch weitergehen willst und wie weit, ist allein Deine Entscheidung. Dieses Buch hat Dir Methoden, Ideen und Möglichkeiten vorgestellt, die Dein Leben verändern können. Was Du damit anfängst, liegt ganz bei Dir. Wenn Du dieses Buch weglegst, kannst Du es in dem Gefühl tun, ein wenig dazu gelernt zu haben, und dann genauso weitermachen wie bisher. Du kannst aber auch eine konzentrierte Anstrengung unternehmen, Dein Leben und Dein Selbst zu steuern. Du kannst für Dich die Glaubenssätze und Zustände schaffen, die für Dich und Menschen in Deiner Umgebung Wunder bewirken können. Doch das wird nur der Fall sein, wenn Du selbst dafür sorgst.

Lasse Du uns noch einmal die wichtigsten Punkte gemeinsam durchgehen. Du weißt jetzt, dass das mächtigste Arbeitsmittel auf unserem Planeten der Biocomputer in Deinem Kopf ist. Wenn Du Dein Gehirn als Volltreffer richtig einsetzt, kannst Du aus Deinem Leben mehr machen als Du es Dir je erträumt hast. Du kennst jetzt die absolute Erfolgsformel: Dein Ziel definieren, „Einfach tun", Wahrnehmungsfähigkeit entwickeln, um zu erkennen, welche Veränderungen Du bewirkst, und Dein Verhalten so lange veränderst, bist Du erreichst, was Du erreichen willst.

Du weißt, dass wir im Zeitalter leben, in dem für uns alle großartige Erfolge möglich sind, man sein Ziel aber nur erreicht, wenn man „Einfach tun" umsetzt. Wissen ist wichtig, aber Wissen allein genügt nicht. Viele hatten Zugang zu den gleichen Informationen wie Steve Jobs. Doch nur die, die gehandelt haben, konnten Erfolg haben und die Welt verändern.

Du hast von der Bedeutung des Modellierens erfahren. Du kannst aus Erfahrungen lernen, durch Versuch und Irrtum „Trial and Error" - Du kannst den Prozess aber auch enorm beschleunigen, indem Du lernst, zu modellieren. Jedes Ergebnis, das eine Person erzielt, kommt durch ganz spezifische Handlungen in einer ganz spezifischen Syntax zustande. Du kannst die Zeit, um etwas zu erlernen, sehr verkürzen, indem Du das internale (mentale) und das externale (physische) Verhalten anderer Menschen, die herausragende Ergebnisse erzielt haben, modellierst. In ein paar Stunden, Tagen oder Jahren, je nach Art der Aufgabe, kannst Du lernen, wozu andere Monate oder Jahre gebraucht haben.

Du weißt nun das die Qualität Deines Lebens von der Qualität Deiner Kommunikation abhängt. Es gibt 2 verschiedene Arten der Kommunikation. Erstens die Kommunikation mit sich selbst. Jedes Ereignis hat die Bedeutung, die Du ihm beimisst.

Du kannst Deinem Gehirn mächtige, positive, ermutigende Signale geben, die sich zu Deinen Gunsten auswirken, oder Du kannst ihm signalisieren, was Du nicht kannst. Außergewöhnlich erfolgreiche Menschen können jede Situation für sich nutzen und die schreckliche Tragödie in einen Triumph verwandeln. Wir können die Zeit nicht zurückdrehen. Wir können nicht ändern, was schon geschehen ist. Doch wir können unsere Vorstellungen kontrollieren, damit sie in Zukunft positiv auf uns wirken. Die zweite Art der Kommunikation ist die mit anderen Menschen. Die Menschen, die unsere Welt verändert haben, waren Meister der Kommunikation mit anderen. Du kannst das Gleiche erreichen, wenn Du das, was in diesem Buch steht, verwendest und herausfindest, was andere Menschen wollen – um effektiv und elegant mit ihnen zu kommunizieren.

Du hast von der wunderbaren Macht des Glaubens erfahren. Mit einem positiven Glauben kannst Du alles erreichen. Durch einen negativen Glauben kannst Du alles verlieren. Du weißt auch, dass Du Deine Glaubenssätze verändern kannst, damit sie für Dich arbeiten. Du hast von der Macht verschiedener Zustände und der Macht der Physiologie erfahren. Du hast die Syntax und die Strategien gelernt, die erfolgreiche Menschen verwenden, und Du hast gelernt, Rapport her zu stellen. Du hast wirksame Techniken des Reframing und des Ankerns kennengelernt. Du hast gelernt, wie Du präzise und elegant kommunizierst und schwammigen Floskeln, die jede Kommunikation töten, vermeiden kannst, und wie Du schließlich das Präzisionsmodell anwenden kannst, um andere dazu zu bringen, sich genau aus zu drücken. Du hast ferner gelernt, wie Du die 5 Hindernisse auf dem Weg zum Erfolg beiseite räumen kannst, und Du hast alles über die, für unser Verhalten grundlegenden, Metaprogramme und Werte gelernt.

Ich erwarte von Dir nicht das Du nach dem Buch völlig verwandelt bist. Manche Dinge, von denen wir gesprochen haben, werden Dir leichter fallen und andere nicht. Doch das Leben ist ein **Prozess**, daran können wir nichts ändern. Eine Veränderung führt zur nächsten. Wachstum führt zu weiterem Wachstum. Indem Du damit beginnst, Veränderungen ein zu leiten, indem Du „Step" für „Step" voranschreitest, kannst Du langsam aber stetig Dein Leben verändern. Wie ein Stein, der in einen Teich fällt und Kreise zieht, kannst Du auch durch kleine Veränderungen zunehmende Wirkung in Deinem Leben erzielen. Oft sind es sehr kleine Dinge, die mit der Zeit die größten Veränderungen hervorrufen.

Stelle Dir 2 Boote die in die gleiche Richtung fahren. Wenn Du die Richtung des einen nur ganz wenig veränderst, indem Du den kurz eines Bootes um 3 oder 4 Grad drehst, dann wird die Veränderung zuerst vielleicht kaum wahrzunehmen sein. Doch wenn Du die Boote weiter verfolgst, wirst Du feststellen, dass der Unterschied immer größer wird – bis es zwei völlig verschiedene Fahrtrouten sind.

Auf die gleiche Weise kann Dir dieses Buch helfen, und Dein Lebensschiff auf Kurs Deiner Ziele bringen. Es wird Dich nicht über Nacht verändern! Wenn Du lernst Dein Gehirn zu steuern; wenn Du mit der Syntax, den Submodalitäten, Werten und Metaprogrammen umgehen kannst, dann wird Dir nach 6 Wochen, 6 Monaten oder 6 Jahren Dein Leben verändert haben. Das Modellieren wirst Du schon unbewusst immer wieder verwendet haben.

Andere Methoden werden neu für Dich sein. Verstehe das das Leben keine „gerade Bahn" ist. Wenn Du heute eine der dargestellten Techniken anwendest, hast Du bereits den ersten Schritt getan. Du hast etwas in Bewegung gesetzt, das eine Wirkung zeigt oder ein Ergebnis herbeiführt, und jedes Ergebnis wird sich an das vorherige anschließen und Dich in Richtung Deiner Ziele führt.

Jetzt habe ich ein paar Fragen an Dich:

1. Welche Richtung verfolgst Du im Augenblick?
2. Wo wirst Du in 5 oder 10 Jahren stehen, wenn Du die momentane Richtung weiter verfolgst?
3. Willst Du wirklich dahin?

Sei jetzt ehrlich zu Dir selbst!

Wenn Du die Fragen beantwortet hast, hast Du Dich schon jetzt auf Deine Zukunft ausgerichtet.

Die echten Könner des Lebens geben sich öfters mal ein echtes Selbstfeedback. Wenn irgendetwas Dir nicht so gefällt wie es jetzt ist, dann verändere den Weg um ein paar Grad. Wenn Du nicht die Veränderung lebst – wer dann? Lerne Du ab jetzt aus jeder menschlichen Erfahrungen und wende immer mehr die Methoden in Deinem Leben an. Suche Dir andere Veränderungswillige und bilde ein >Team<, denn die Macht im Leben kann man nur gemeinsam erreichen. Die größte Macht entsteht, wenn Menschen zusammen arbeiten, anstatt getrennte Wege zu gehen. Das gilt für Deine Familie, wie für Freunde, Geschäftspartner und Mitarbeiter, an denen Dir liegt. Du wirst mit mehr Einsatz und Erfolg arbeiten, wenn Du für sich und andere arbeiten – Du gibst mehr, aber Du bekommst auch mehr.

Wenn Du jemand nach seiner schönsten Erfahrung im Leben fragst, wird er Dir gewöhnlich von einem Erlebnis berichten, bei dem er Teil einer Gemeinschaft war, sei es eine Fußballmannschaft, mit Kollegen oder im Kreis der Familie. Wenn man einem Team angehört, ist man stärker. Andere können Dich besser unterstützen und fordern, als Du es selbst kannst. Für andere tut man Dinge, die man für sich selbst nicht tun würde. Das, was wir daür von anderen zurück erhalten, entschädigt und für alle unsere Anstrengungen.

Solange man lebt, gehört man einem Team an – der Familie, der Firma, der Stadt, einem Land, der Menschheit. Du kannst auf der Bank sitzen und zusehen, oder Du kannst aufstehen und mitspielen. Spiele DU mit! Nehme DU teil! Lassen Du andere an Deinem Leben teilnehmen! Je mehr Du gibst, um so mehr wirst Du erhalten; je mehr Du das, was Du durch dieses Buch gelernt hast, für sich und andere nutzt, um so mehr wirst Du davon haben.

Achte darauf, dass Du einem Team angehörst, das Dich fordert. Oft verliert man das Ziel aus den Augen. Oft weiß man zwar, was man tun muss, und tut es trotzdem nicht. Das scheint ein Teil des Lebens zu sein. Die Schwerkraft ist eine Konstante unseres Denkens und es kostet Kraft, sie zu überwinden. Jeder von uns kennt Tage, an denen er nicht ganz auf der Höhe ist. Jeder hat Zeiten, in denen er nicht anwendet, was er weiß. Doch wenn wir uns mit Menschen umgeben, die Erfolg haben, die sich vorwärts bewegen, die positiv sind, die sich darauf konzentrieren, Resultate zu erzielen und die uns unterstützen, dann fühlen wir uns herausgefordert, uns weiter zu entwickeln, mehr zu leisten und mit ihnen unseren Erfolg zu teilen. Wenn Du mit Menschen zusammen sein könntest, die nicht zulassen, dass Du Dich mit weniger zufrieden gibst, als Du es sein kannst, dann ist das das größte Geschenk, das Du Dir wünschen kannst. Die Verbindung mit anderen ist eine große Hilfe. Sorge Du dafür, dass die Menschen, mit denen Du zusammen bist, Dich in Deiner Entwicklung fördern.

Wenn Du Teil eines Teams geworden bist, besteht die nächste Herausforderung darin, Führungsaufgaben zu übernehmen. Das kann bedeuten, Chef einer großen Firma zu werden, oder der beste Lehrer zu werden, der Du sein kannst. Es kann bedeuten, ein besserer Unternehmer oder ein besserer Vater oder eine bessere Mutter zu werden. Große Führungspersönlichkeiten haben einen Sinn dafür, mit allem was sie tun auf ihre Ziele hin zu arbeiten, und sie wissen auch, dass große Veränderungen durch viele kleine Dinge vorbereitet werden. Sie wissen, dass alles, was sie sagen und tun, andere aufbauen und motivieren kann.

Die Herausforderung einer Führungsaufgabe besteht darin, genug Power und Weitblick zu haben, um im voraus ab zu sehen, welche Wirkung die eigenen Handlungen morgen haben werden. Kommunikationsfertigkeiten, die in diesem Buch beschrieben sind, können wesentlich dabei helfen, die für Deine Zukunft richtigen Entscheidungen zu treffen. Unsere Gesellschaft benötigt mehr Erfolgsmodelle, mehr Symbole, mehr Vorbilder für besondere Leistungen. Ich hatte das Glück, Lehrer und Mentoren zu haben, die mir unendlich wertvolle Dinge mit auf den Weg gegeben haben. Mein Ziel ist es davon weiter zu geben.

Ich hoffe, dass dieses Buch und die Arbeit, die ich leiste, einen Beitrag dazu sind.

Kapitel 26. Entspannungsübung für Volltreffer: „Die Regenbogenübung"

Dies ist eine tolle Entspannungsübung nach stressigen Tagen, um wieder wunderbar runter zu kommen. Lese die Übung aufmerksam und führe sie dann aus. Übung macht den Meister auch hier. Früher oder später machst Du die Übung wie Fahrrad- oder Autofahren, ohne zu überlegen. Sie wird Dir in Fleisch und Blut übergehen. Starte jetzt: „Einfach tun!"

Diese Übung besteht aus drei Schritten:

1. Sobald Du entspannt bist, visualisiere Dein Herz als kleines, strahlendes rosa Licht. Zähle jetzt bis neun, wobei Du normal weiteratmest.

- Lenken Du anschließend Deine Aufmerksamkeit auf den Scheitelpunkt Deines Kopfes und zählen bis fünfzehn. Vergesse dabei das rosa Licht nicht, damit Du direkt über Deinem Kopf eine leuchtende rosa Lichtkugel visualisieren kannst.

- Stelle Dir nun vor, dass sich dieses Licht in einestrahlende rosarote Wolke verwandelt, die Dich immer mehr einhüllt, als ob Du Dich in einer zeitlosen Kapsel befändest. Zähle nun bis auf zwölf.

2. Lenke Deine Aufmerksamkeit auf Deinen Adamsapfel. Stelle Dir vor, dass ein leuchtendes blaues Licht davon ausgeht. Zähle nun bis neun. Dann lenke Du Deine Aufmerksamkeit wieder auf den Scheitelpunkt Deines Kopfes und zähle dabei bis fünfzehn. Visualisiere Du eine blaue Lichtkugel über Dir.

- Wenn Du bis fünfzehn gezählt, dann stelle Dir vor, dass sich das blaue Licht über Dich senkt und Dich völlig einhüllt. Mit diesem Bild vor dem geistigen Auge zähle nun bis zwölf.

3. Stelle Dir jetzt vor, dass von Deiner Stirn (dem Punkt zwischen den Augenbrauen oberhalb der Nasenwurzel) ein schönes weißes Licht ausgeht. Zählen nun bis neun, dann lenke Du die Aufmerksamkeit wieder auf den Scheitelpunkt Deines Kopfes. Visualisiere jetzt die weiße Lichtkugel über Dir, während Du bis fünfzehn zählst.

- Jetzt stelle Dir vor, dass die Kugel die Form einer wunderbaren weißen Wolke annimmt, die Dich vollständig einhüllt. Zähle nun bis zwölf.

Bleibe Du nach dieser Übung eine Weile ruhig sitzen. Du hast jetzt Kräfte wachgerufen, die Du ungestört walten lassen kannst. Versuche Du, die psychische Energie, die Dich umgibt, bewusst in Dir aufzunehmen.

Kapitel 27. Nachwort mit Wünsche und Daten

Zum Schluss möchte ich Dich dazu auffordern, Dein neuerworbenes Wissen mit anderen zu teilen, und das aus 2 Gründen. Erstens lehren wir immer das, was für uns selbst am wichtigsten ist. Wenn wir anderen unsere Gedanken mitteilen, hören wir diese Gedanken selbst auch wieder und erinnern uns daran, woran wir glauben und was wir im Leben für wichtig halten. Zweitens ist es ein unglaublich schönes Gefühl der Bereicherung und Freude, einem anderen Menschen dabei zu helfen, eine wirklich wichtige und positive Veränderung in seinem Leben herbei zu führen.

Die entscheidende Botschaft des Buches ist: „Einfach tun!" Sei Du aktiv – übernehme die Führung – nutze was Du gelernt hast. Tue es nicht nur für Dich selbst, sondern auch für andere. Was Du dadurch gewinnen kannst ist mehr als Du Dir vorstellen kannst. Es gibt schon genug die große Worte machen! Es gibt genug, die wissen, was richtig und wirksam ist, und trotzdem nicht die Ergebnisse erzielen, die sie sich wünschen. Es reicht nicht dieses Wissen nur nach zu erzählen, man muss es auch anwenden. Erst dann hat man die Macht, sich selbst dazu zu bringen, das zu tun, was notwendig ist, um besondere Leistungen zu erzielen.

Demosthenes war ein großer Redner der Antike, als er seine Reden beendet hatte sagten die Leute: „Eine tolle Rede!" Und danach sagten sie noch weiter: „Lasst uns anfangen", und das taten sie dann auch. Das ist der Unterschied zwischen Darbietung und Überzeugung. Ich hoffe das Du die Techniken erfolgreich in Dein Leben einbaust.

Mache Du aus Deinem Leben ein Meisterwerk! Denn nur Du kannst der Architekt Deines Lebens sein ;-)

Und eines möge ich Dir noch zurufen, bevor Du das Buch zur Seite legst: „Wenn Du glaubst Du kannst, dann kannst Du auch!"

Ich freue mich nun auf Deine Fragen und Erfolgsmeldungen als „Volltreffer" unter:

swen-william@einfach-tun.com

Mit den besten mentalen Erfolgsgrüßen,
Swen-William Bormann ;-) If you can dream it, you can do it!

Weiterhin freue ich mich wenn Du auf meinem Blog und Facebook-Fanseite vorbeischaust und mit diskutierst:
www.facebook.com/Mentaltrainer.SwenWilliamBormann

Natürlich freue ich mich über ein Kennenlernen auf einem meiner Seminare:
www.einfach-tun.com

i want morebooks!

Buy your books fast and straightforward online - at one of world's fastest growing online book stores! Environmentally sound due to Print-on-Demand technologies.

Buy your books online at
www.get-morebooks.com

Kaufen Sie Ihre Bücher schnell und unkompliziert online – auf einer der am schnellsten wachsenden Buchhandelsplattformen weltweit! Dank Print-On-Demand umwelt- und ressourcenschonend produziert.

Bücher schneller online kaufen
www.morebooks.de

VDM Verlagsservicegesellschaft mbH
Heinrich-Böcking-Str. 6-8   Telefon: +49 681 3720 174   info@vdm-vsg.de
D - 66121 Saarbrücken   Telefax: +49 681 3720 1749   www.vdm-vsg.de

Printed by Books on Demand GmbH, Norderstedt / Germany